全国高考语文现代文阅读

"热点作家"
经典作品精选集

试卷上的

作家

张国龙 / 主编

端 灯

刘庆邦 / 著

延伸阅读　备战高考

适合考生进行语文阅读的散文集
走进语文之美，领略阅读精髓

高中版

丰富的阅读素材

从童年往事到世间百态
从青葱校园到异域风光
开阔视野，看见世界，提升写作能力和人文素养

中国出版集团有限公司

世界图书出版公司

上海　西安　北京　广州

图书在版编目（CIP）数据

端灯 / 刘庆邦著. — 上海：上海世界图书出版公司, 2024.3
（试卷上的作家 / 张国龙主编）
ISBN 978-7-5232-0994-3

Ⅰ. ①端… Ⅱ. ①刘… Ⅲ. ①阅读课—中学—教学参考资料 Ⅳ. ①G634.333

中国国家版本馆CIP数据核字（2024）第003106号

书　　名	端　灯 Duan Deng
著　　者	刘庆邦
责任编辑	魏丽沪
出版发行	上海世界图书出版公司
地　　址	上海市广中路 88 号 9-10 楼
邮　　编	200083
网　　址	http://www.wpcsh.com
经　　销	新华书店
印　　刷	三河市兴博印务有限公司
开　　本	700mm×1000mm　1/16
印　　张	14
字　　数	163 千字
版　　次	2024 年 3 月第 1 版　　2024 年 3 月第 1 次印刷
书　　号	ISBN 978-7-5232-0994-3/G・829
定　　价	39.80 元

总 序

情感和思想的写真

张国龙

　　和小说、诗歌等相比，散文与大众更为亲近。大多数人一生中或多或少会运用到散文，诸如，写作文、写信、写留言条等。和小说相比，散文大多篇幅不长，不需占用太多的读写时间；和诗歌相比，散文更为通俗易懂。一句话，散文具有草根性和平民性气质。

　　在中小学语文课本中，散文篇目体量最大。换句话说，散文是中小学语文教学不可或缺的资源。中学生所学的语文课文大多是散文；小学生初学写作文，散文便是最早的试验田。从某种意义上说，中小学作文教学就是散文教学，主要涉及记叙性散文、抒情性散文和议论性散文等。在中考、高考等各类考试中，作文的写作离不开这三类散文，甚至明确规定不可以写成诗歌。可见，散文这一文体在阅读和写作中占据了举足轻重的地位。

　　然而，散文作为一种"回忆性"文体，作者需要丰富的生活经历和厚重的人生体验。散文佳作，自然离不开情感的真挚性和思想的震撼性。因此，书写少年儿童生活和展现少年儿童心灵世界的散文，无外乎两类：一是成年作家回望童年和少年时光；二是少年儿童书写成长中的自己。这两类散文可统称为"少年儿童本位散文"。显而易见，前者数量更大，作品质量更高。事实上，还有相当一部

1

分散文作品，虽然并非以少年儿童为本位，却能被少年儿童理解、接受，能够滋养少年儿童的心灵。

这套丛书遴选了众多散文名家，每人一部作品集。这些作家作品可以分作两类。一类是主要从事儿童文学创作的作家，基于少年儿童本位创作的散文。比如吴然的《白水台看云》、安武林的《安徒生的孤独》、林彦的《星星还在北方》、张国龙的《一里路需要走多久》。另一类是主要创作成人文学的作家，虽不是专为少年儿童创作，却能被少年儿童接受的散文。比如，刘心武的《起点之美》、韩小蕙的《目标始终如一》、刘庆邦的《端灯》、曹旭的《有温度的生活》、王兆胜的《阳光心房》、杨海蒂的《杂花生树》、乔叶的《鲜花课》、林夕的《从身边最近的地方寻找快乐》、辛茜的《鸟儿细语》、张丽钧的《心壤之上，万亩花开》、安宁的《一只蚂蚁爬过春天》、朱鸿的《高考作文的命题与散文写作》、梅洁的《楼兰的忧郁》、裘山山的《相亲相爱的水》、叶倾城的《用三十年等我自己长大》、简默的《指尖花田》、尹传红的《由雪引发的科学实验》。一方面，这些作家的作品皆适合少年儿童阅读；另一方面，这些作家的某些篇章曾出现在中小学生的语文试卷上。因此，可以称呼他们为"试卷上的作家"。

通观上述作家的散文集，无论是否以少年儿童为本位，都着力观照内心世界，抒发主体情思，崇尚真实、自由、率性的表达。

这些散文集涉及的题材多种多样，大致可分为如下三类。

其一，日常生活类。"叙事型"和"写景状物型"散文即是。铺写"我"童年、少年生活中真实的人、事、情、景。以记叙为主，抒情与议论点染其间。比如，刘庆邦的《十五岁的少年向往百草园》

以温润的笔触，描摹了"我"在15岁那年拜谒鲁迅故居的点点滴滴，展现了一个乡村少年对大文豪鲁迅先生的渴慕与敬仰。安武林的《黑豆里的母亲》用简约的文字，勾勒出母亲一生的困苦、卑微和坚忍，字里行间点染着悲悯与痛惜。

其二，情感类。通常所说的"抒情型"散文属此范畴，即由现实生活中的人、事、情、景引发的喜、怒、哀、乐等。以渲染"我"的主体情思为重心，人、事、情、景等是点燃内心真情实感的导火索。比如，梅洁的《童年旧事》饱蘸深情，铺叙了童年的"我"和同班同学阿三彼此的关心。一别数十载，重逢时已物人两非。曾经有着明亮单眼皮眼睛的阿三，已被岁月淘洗成"一个沉静而冷凝的男子汉"。"我"不由得轻喟，"成年的阿三不属于我的感情"。辛茜的《花生米》娓娓叙说了父亲为了让"我"能吃到珍贵的花生米，带"我"去朋友家做客，并让"我"独自留宿。一夜小别，父女似久别重逢。得知那家的阿姨并没有给"我"炸花生米吃，父亲欲说还休。而多年之后的"我"，回忆起这件事仍旧如鲠在喉。

其三，性情类。"独白型"散文即是。心灵世界辽阔无边，充满了芜杂的景观。事实上，我们往往只能抵达心灵九重天的一隅。在心灵的迷宫中，有多少隐秘、幽微的意识浪花被我们忽略？外部世界再大也总会有边际，心灵世界之大却无法准确找到疆界，如同深邃莫测的时光隧道。每天一睁眼，意识就开始流动、发散，我们是否能够把内心的律动细致入微地记录下来？这必定是高难度写作。如果我们追问个体生命的具体存在状态，每一天的意识流动无疑就是我们存在的最好确证。比如，曹旭的《梦雨》惜字如金，将人的形象和物的意象有机相融，把女性和江南相连缀，物我同一。

尤其是把雨比喻成女孩，"第一次见面，你甚至不必下，我的池塘里已布满你透明的韵律"，空灵、曼妙，蕴藉了唐诗宋词的意味。乔叶的《我是一片瓦》由乡村习见的"瓦"浮想联翩，岁月倥偬，"瓦"已凝结成意象，沉入"我"的血脉，伴随我到天南海北。"瓦"是"我"写作的情结，更是另一个"我"。杨海蒂的《我去地坛，只为能与他相遇》，"我"因为喜欢史铁生的《我与地坛》而一次次去地坛，真真切切地感受史铁生的轮椅和笔触曾触摸过的一草一木。字里行间，漫溢出一个人对另一个人的体恤与爱怜、一个作家对另一个作家的仰望与珍视。或者说，一个作家文字里流淌的真性情，激活了另一个作家的率性和坦荡。

不管是铺写日常生活、表达真挚情感，还是展现率真性情，上述作品大体具有如下审美特征。

其一，真实性。从艺术表现的特质看，散文是最具"个人性"的文体，一切从自我出发。或者说，散文就是写作者的"自叙传"和"内心独白"。这就决定了散文的内容，其人、事、情、景等皆具有真实性，甚至可以一一还原。当然，真实性在散文中呈现的状态是开放、多元的，与虚假、虚构相对抗，尤其体现在表象的真实和心理的真实。不管是客观、物化的真实，还是主观、抽象的心理真实，只要是因"我"的情感涌动而吟唱出的"心底的歌"，就无碍于散文的"真"。散文的真实，大多体现为客观的真实，即"我"亲历（耳闻目睹），"我"所叙述的"场景"实实在在发生过，甚至可以找到见证人。对事件的讲述甚至具有纪实性，与事件相关的人甚至可以与"我"生活中的某人对号入座。叙写的逻辑顺序为："我"看见＋"我"听见＋"我"想到，即"我"的所见、所闻和所感，且多采取"叙述＋抒情＋议论"的表现方式。比如，林彦的《夜别枫桥》，少年的"我"先是遭遇父母离异，而后因病休学，独自客居苏州。那座始终沉默无语的枫桥，见证了"我"在苏州的数百个日日夜夜。那些萍水相逢的过客，却给予了"我"终生铭记的真情。

其二，美文性。少年儿童散文通常用美的文字，再现美的生活，营造美的意境，表现美好的人情、人性和人格，是真正的"美文"。比如，吴然的《樱花信》，语言叮当如环佩，景物描写美轮美奂，读来令人神清气爽，齿唇留香。"阳光是那样柔和亮丽，薄薄的，嫩嫩的，从花枝花簇间摇落下来，一晃一晃地偷看我给你写信……饱满的花瓣，那么嫩那么丰润，似乎那绯红的汁液就要滴下来了，滴在我的信笺上了。你尽可以想象此刻圆通山的美丽。空气是清澈的，在一缕淡淡的通明的浅红中，弥漫着花的芬芳……昆明人都来看樱花，都来拜访樱花了！谁要是错过了这个芬芳绚丽的节日，谁都会遗憾，都会觉得生活中缺少了一种情调，一种明亮与温馨……"安宁的《流浪的野草》，文字素面朝天、洗尽铅华，彰显了空灵、曼妙、清丽的情思。"燕麦在高高的坡上，像一株柔弱的树苗，站在风里，注视着我们的村庄。有时，她也会背转过身去，朝着远方眺望。我猜那里是她即将前往的地方。远方有什么呢，除了大片大片的田地，或者蜿蜒曲折的河流，我完全想象不出。"

其三，趣味性。少年儿童生活色彩斑斓，充满了童真、童趣。少年儿童散文不论是写人、记事，还是抒情、言志，皆注重生动活泼、趣味盎然。与此同时，人生中的诸多真谛自然而然地流淌于字里行间，从而使文章具有超越生活的理趣，既提升了文章的境界，又能陶冶阅读者的性情。比如，王兆胜的《名人的胡须》，用瀑布、白云、大扫帚、括弧、燕子等各种事物类比各个名人各具特色的胡须。稀松平常的胡须看似可有可无，却有着不同寻常的意义。古今中外名人与胡须的轶事，读来令人莞尔，幽默、风趣的笔调里蕴含着举重若轻的哲理。张丽钧的《兰花开了18朵》，"我"时常和蝴蝶兰说话，如母亲的斥责，似闺蜜的呢喃，像恋人的娇嗔，满满的人间情怀里渗透着天然的机趣。"我家这株蝴蝶兰，真真是个慢性子——一簇花，耗费了整整66天的时间，才算是开妥了。从2月24日到5月1日，总共开了18朵花，平均3.67天开一朵。我跟她说：'亲呀亲，你可是我拉扯大的呀，咋这脾性半点儿都不随我呢？这么慢条斯理地开，你是打算把全部春光都占尽了吗？'"

　　散文创作通常与作者的亲身经历密切相关，尤其注重展现真性情。因此，散文抒写的往往是个人的心灵史和情感史。这些散文作品不单是中学生写作的范本，还是教导中学生为人处世的良师益友！

2022 年 10 月 18 日

于北京师范大学

序 言

文学写作是一种心灵慈善事业

刘庆邦

　　大同煤矿有一位作家朋友，我曾送给她一本长篇小说。在她母亲住院治病期间，她天天为她母亲读我的长篇小说。她在电话里告诉我，她母亲很爱听，听得很安静。她还跟我说了一句话，我一下子就记住了。她母亲说，好书能治病啊！后来她母亲还是去世了，已经去世好几年了。但她母亲说过的那句话我再也不会忘怀。

　　回想起来，我和我弟弟也为我们的母亲读过我的小说，长篇小说和短篇小说都读过。母亲说我写得不假呀，都是真事儿。母亲夸我记性好，说这孩子，从小儿就记性好，对过去的事记得很清。母亲还提起我爷爷，说我爷爷最喜欢听别人给他念书。我爷爷要是活到现在，看到他孙子不光会念书，还会写书，不知有多高兴呢！

　　由此，我想到了慈善事业。在此之前，我从不敢把文学写作与慈善事业联系起来。我知道，所谓慈善事业，主要是指民间拥有一定财富的团体和个人，从人道主义出发，自愿组织和开展的，对社会中遇到灾难和不幸的人们实施救助和无私奉献的一项事业。慈善事业的核心价值观是利他，体现的是人文关怀，意义近乎神圣。慈善事业中虽说也有精神疏导和心灵抚慰，但其主要特点还是在于它的物质性、实用性和有效性。而文学写作是一件很个人化的事情，常常是从个人出发，从内心出发，听从的是内心的召唤，凝视的是心灵的景观。在很大程度上，作家写作是出于表达情感和思想的内在需要，也是自我修行和完善自我的需要。这让作家对自己的作用不是很自信，往往怀疑自己是不是一个白吃干饭的闲人，是不是一个对社会无用的人。这样的人，所干的那点儿写作的事情，怎么能攀得上慈善事业呢！可不知怎么了，得到朋友和亲人对读书、听书的积极反馈之后，我的确再次联想到慈善事业。

我的联想也许有些牵强，但往深里想了想，我还是愿意认为，文学写作与慈善事业并不相悖，并不遥远，并不是没有任何联系，并不是没有可以打通的地方。当然了，文学作品不是物质性的东西，它不当吃，不当喝，不当穿，不当戴，不能为饥饿者果腹，不能为衣单者御寒。文学也不是医学，它并不是真的能治病。可是，每一个生命个体的存在，既有身体，也有心灵；既需要物质的供给，也需要精神的支撑。当一个劳动者在为生计打拼之余，静下心来读一读优美的作品，是不是可以得到美好的艺术享受呢！当一个人的心灵受到伤害，心灰意冷之际，读到一些知冷知热、贴心贴肺的作品，是不是可以得到心灵的慰藉，重新燃起对生活的希望呢！当一个人为尘世生活的纷争所烦恼，找一本自己喜爱的书来读，是不是可以让自己眼睛湿一湿，走一走神儿，暂时放飞一下灵魂呢！再有就是像朋友所做的那样，当亲人生病时，守在病床前给亲人读一读书，这样是不是可以使亲人进入别样的心灵世界，减少一点病痛呢！慈善事业是面向弱者的。从某种意义上说，文学写作也是同情、关注和面向弱者的。这不正是文学写作和慈善事业共同的地方吗？所不同的是，慈善事业偏重于物质，文学写作偏重于心灵。把文学写作说成是一种心灵慈善事业，还是说得过去的吧！

慈善事业是给予，是付出。我的体会是，我们的写作也是一种付出。日复一日地长期写作，就是与日俱增的持续付出。我们付出时间，付出劳动，付出精力，付出体力，同时也付出智慧，付出思想，付出感情，付出泪水。正是在付出的过程中，我们得到了写作的快乐。我写作我快乐的实质是，我付出我快乐。这种快乐的质量要比得到的快乐质量更高。我们之所以对写作乐此不疲，多是源于付出得到的快乐。这种快乐形成一种动力，推动我们的写作不断前进，不断深化。

做慈善事业的慈善之人，必定有一颗慈善之心。一个写作者何尝不是这样呢！每一个真正的写作者，无不希望通过自己所写的作品，作用于人的精神，使人的人性变得更善良，心灵变得更纯洁，灵魂变得更高贵，社会变得更美好，而不是相反。要做到这些，有一个前提条件，那就是写作者本人必须是一个天性善良的人。这个条件是最起码的条件，也是最高的条件。只有写作者的天性善良了，才能保持对善的敏感，才能发现善、表现善、弘扬善。同样的道理，只有写作者的天性是善良的，才会对恶人恶行格外敏感，才能发现恶、揭露恶、鞭挞恶。作家勇于揭露和批判一些恶的东西，正是因为有善的力量做底子，正是出于善良的愿望。

衡量一部作品是否有益于世道人心，是否达到了心灵慈善的标准，有一个最简单的判断方法，是看作者愿不愿、敢不敢把自己的作品送给朋友看，带给亲人看，甚至是拿给自己的孩子看。我这样说，不是把读者对象化，不是设定为哪些读者写作，而是认为好作品无界限，适合所有的读者阅读。如果发表了作品藏着掖着，连自己亲近的人都不敢让看，对这样的作品恐怕要打一个问号。问号不是读者要打，作者心里打鼓，自己就把问号打上了，不然的话，为何不敢将作品示人呢！

慈善不会一劳永逸，须反复提醒，持续修炼。而一个作者写作的过程，无疑就是自我提醒和自我修炼的过程。事实一再表明，一个人长期处于写作状态，其心态会与别人有所不同。特别是一个花长时间写长篇小说的人，他的心不在现实世界，而是沉浸在自己所想象和创造的另一个心灵世界。在心灵世界里，他的心应该是静远之心、仁爱之心、感恩之心、温柔之心。他的情绪会随着作品中人物的欣喜而欣喜、忧伤而忧伤。同时，他会增强生命意识，提前看到生命的尽头，以及尽头的身后事，这样他的境界就不一样了。所谓看淡、看开、看破尘世中的一切，无非就是这样的境界。有了这样的境界，他不但不会悲观、厌世，而且会更加珍爱生命、珍爱人生。稍稍具体一点说吧，当一个作者正写得满眼泪水的时候，心里正爱意绵绵、温存无边的时候，不管他看见一朵花还是一棵草，一块云还是一只鸟，都会觉得那么美好，那么可爱。这时候如遇到一些事情，他的反应可能会慢一些，因为他还没有从自己的小说情景里走出来，他看待事情的目光还是文学的目光、情感的目光、善待一切的目光。他的慈善就这样在写作中延续，想不让他慈善都难。

2018 年 5 月 3 日至 5 日

于北京和平里

访　谈

走进刘庆邦

张鹏禹

　　多数作家不喜欢被人贴标签，刘庆邦也是这样。但人们提起他的时候，难免和两个称号挂钩，一个是"短篇小说之王"，另一个是"写煤矿最多的作家"。对于前者，他在多个场合说过，这顶"桂冠"戴在自己头上不合适，"写短篇小说的高手那么多，哪里就轮得上我'称王'呢？这也容易让人忽略我的中长篇作品。"而对于第二个称呼，他觉得当之无愧。"虽然说写得多不等于写得好，但质变是在量变的基础上产生的，没有量变，哪里会有质变呢！"在国内，刘庆邦是写矿工生活最多的作家；在国外，将作家左拉、劳伦斯、戈尔巴托夫等作家所写的煤矿题材的作品加一块，恐怕也没刘庆邦一个人的多。

　　刘庆邦从1972年开始写作，始终在煤矿题材上掘进，创作蔚为大观。择其要者有中短篇小说《走窑汉》《血劲》《神木》《哑炮》等，长篇小说《断层》《红煤》《黑白男女》《女工绘》等。对于一位长期在一个领域深耕的老作家来说，创作中会不会遇到自我重复的问题？当我把这个疑问坦露给刘庆邦时，他没有直接回答，而是打了个比方——"写小说是打矿井，而不是地质勘探。勘探是到处打孔，只要通过打孔探到地层深处有煤，就算完成任务，然后换一个地方再干。而写小说好比打矿井，选准一个井位，就持续不断地打下去，直到打进煤层，采出煤来。采到第一层不算完，还要打，采到第二层、第三层。"他对自己的做法很有信心："这么干，看起来像重复劳动，其实每次都有新进度、新收获。而且据说，越往深里打，采到的煤质量就越好。"

这"矿井"，刘庆邦钻探得很深。从早期的《走窑汉》，在极端境遇下拷问矿工的人性，到影响巨大、被翻译成6种外语的《神木》，再到近年来聚焦一代女矿工生活的《女工绘》，刘庆邦不仅采到了"煤"，还采到了"火"。

"艾青在《煤的对话》里说：'死？不，不，我还活着——请给我以火，给我以火！'在我看来，煤是实的，火是虚的；煤是客观存在，火是看法、是思想、是灵魂。只有挖到了煤，又采到了火，用火把煤点燃，煤才会熊熊燃烧，为人间带来光明与温暖。"刘庆邦说。

他的创作始终瞄准人（尤其是矿工群体），在展现人的生存与境遇中探寻人性或幽微、或明亮的火光。

刘庆邦曾在河南的一座煤矿工作、生活过9年，在井下打巷道、挖煤、开运输机是他那时候的日常工作，后来还在煤矿娶妻生子。"我的写作离不开自己的生活经验。我觉得自己比较笨，想象力不够，对经验依赖较多，好像离开了自身经验就无从想象似的。有朋友建议我写写这几年新一代矿工的生活，我写不了。一方面，这些年煤矿变化很大，井下掘进、采煤基本实现了机械化，甚至有的用上了机器人采煤，还有的用上了5G和VR等先进技术。我对这些不了解。另一方面，在劳动中，机器成了主体，矿工成了客体，留给我们写人的余地越来越小，这是一个新课题。"刘庆邦说。

超越固有经验之外的东西如何写？其实，刘庆邦早已用自己的创作回答了。在煤矿题材之外，他这几年不断给文坛带来惊喜。比如长篇小说《家长》，从煤矿出发，勾连起城市与乡村，写出了城市化进程中"中国式家长"的焦虑，小说中的王国慧让我们联想到"鸡娃"的家长们。出版的长篇新作《堂叔堂》以"我"为贯穿始终的线索，写故乡15位堂叔的故事，其中有作为台湾老兵，回乡寻根的大叔刘本德，他对故土割舍不断的情结令人动容；有堂叔刘本一，这位乡野间的大力士堪称"乡土奇人"。通过他们，刘庆邦写出了人生的苦辣酸甜，写出了人性的丰富多面，写出了个体生命起伏跌宕的轨迹和时代打在他们心灵上的深深烙印。

刘庆邦说："有段时间，我觉得自己的写作资源用得差不多了，几乎到了山穷水尽的地步。蓦然回首，突然发现，我在我们老家的村子里曾有过一百多位堂叔，我还没有正儿八经地写过他们。每位堂叔的人生都是一本书，都值得写。我突然意识到，这不是守着泉水嚷口渴嘛！"

诚然，每个人的写作资源都或多或少来自生活经验，而生活经验总是有限的。不断向生活的深处钻探，同时开掘出生活的不同侧面和无限可能，是近半个世纪刘庆邦走过的创作道路。写得越多，他越清楚生活这座富矿怎么挖。如果说现实经验是治愈写作资源枯竭的良药，那么，对经验的认识和升华才是"药引子"。

"我越来越意识到，每个人的人生经验构成了文学想象最初生发的基础，但比经验更重要的是如何认识经验，超越经验。这是因为，文学作品不是让读者通过阅读重回经验世界，而是让读者超越经验世界，得到审美享受和思想启迪。"刘庆邦说。

在他眼中，经验为作家提供的是日常生活常识的逻辑，是感性的、具体的、形而向下的逻辑。对经验的认识，提供的是理性的、抽象的、形而向上的逻辑。"我把前者称为'小逻辑'，后者称为'大逻辑'。有了'大逻辑'，我们的作品才能广阔、深邃、飞扬；有了'小逻辑'，我们的作品才会真实、饱满、动人。两种逻辑相辅相成是写作的秘方。"

刘庆邦这代 50 后作家的人生阅历与成长道路今天很难复制。对于青年作家而言，能否写出生活独一无二的样子，刘庆邦信心满满。他说："一代人有一代人的生活。现在的写作没有了'题材决定论'，'人民'又是一个非常广泛的概念，青年作家所拥有的生活更新、更丰富、更精彩，他们才是中国文学的希望所在。"而刘庆邦还将"以我之心，紧贴人物之心，在塑造一个个立体人物的同时，再造一个心灵世界"。

目录 CATALOGUE

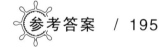

试卷作家
真题回顾

十五岁的少年向往百草园

①第一次去鲁迅先生的故乡绍兴，我还是一个刚满15周岁的农村少年。去绍兴的具体日期我记不清了，大约是在1967年的元旦之后，农历羊年的春节之前。

②我的家乡在中原腹地，先去湖南看了坐落在韶山冲的毛泽东故居，之后在湘潭过的新年，吃了一碗很香、很难忘的肥猪肉炖胡萝卜，接着扒火车去了南昌。下一站，我就来到了被称为人间天堂的杭州。

③到杭州看什么呢？在没到杭州之前我就听说过，杭州有西湖、断桥，有钱塘江、六和塔，还有灵隐寺、岳飞庙等，风景名胜数不胜数。但这些都不是我最想去的地方，或者说都不是我的首选。那么，我首选的地方是哪里呢？说出来也许有的朋友不相信，我的首选之地是离杭州不太远的绍兴的百草园。

④为什么一心一意要去百草园看看呢？这也是课本的作用，文章的力量。在我们中学的语文课文里，有一篇鲁迅先生的文章，题目是《从百草园到三味书屋》。文章里写到的百草园，有树有藤，有菜畦水井，有草有花，有绿有红，有鸟有蜂，内容十分丰富、美好。鲁迅先生说，百草园是他儿时的乐园。我们把文章读来读去，诵来诵去，百草园就留在了我们心中，似乎也成了我们的乐园，精神乐园。

⑤记得我们的语文老师在讲这篇课文时，讲得声情并茂，对百

草园十分神往。他说他很想去百草园看看，这辈子恐怕是没有机会了。哪个同学若有机会，他希望一定要替他去看看百草园。基于这些根深蒂固的原因，我既然来到了杭州，就一定要到绍兴的百草园看一看，如果不去看百草园，来杭州跟白跑一趟差不多。

⑥我向服务人员打听得知，从杭州到绍兴有60多公里，既没有火车可乘坐，卖票的公共汽车也很少，要去绍兴，只能是步行。于是，到杭州的第二天一大早，我就披着星光，沿着两道铁轨之间的枕木，快步向绍兴进发。

⑦我没有别的同伴，我的长征队伍到武汉就走散了，从武汉再往前，就剩下我孤身一人。我身上没带什么东西，只背了一只跟当过兵的堂哥借来的黄色军挎包。挎包里装着折叠起来的长征队的旗帜，还有一本包了红塑料皮的袖珍毛主席语录本，语录本里夹着学校给我们开的介绍信。从夜里走到白天，从早上走到中午，因担心天黑之前走不到绍兴，我半路没有停下来，中午连一口饭都没吃，连一口水都没喝，一直在枕木上跨越式前行。走得热了，我觉得后背上汗津津的，就解开对襟棉袄上的布扣子，露出光光的肚皮，继续往前走。我完全能够回忆起我当时的样子，刺棱着头发，风尘仆仆，在向着既定的目标孤独前进。我不是去地里扒红薯，也不是去地里撵兔子，而是怀着一种景仰的心情，为了一个精神性的目的，饿着肚皮，奔赴鲁迅先生笔下的百草园。

⑧到了，在西边的天际飞满红霞的时候，我下了铁路，来到河网纵横、到处闪耀着明水的绍兴。我走上了一条长长的石板路，这条石板路铺在一条长河中间，两边都是宽阔的水面。石板路不宽也不高，离水面很近，跟水面几乎是水平的，一弯腰就能撩起一把水。水里有行船，是那种两头尖尖的小船。离我较近的一只船，跟我的

行进是同一个方向。划船的人头上戴一项旧毡帽，他手里划着一支桨，脚上蹬着一支桨，借助双桨，竟比我走得还快。我想，这位划船人或许就是鲁迅家的亲戚，我加快速度，毫不放松地跟定他。当天晚上，因鲁迅故居已经关门，我没能看成百草园和三味书屋，只能就近找个接待站住下来。当时，住接待站非常容易，而且吃住全部免费。

⑨到绍兴的第二天上午，我如愿看到了向往已久的百草园。冬日的百草园显得有些荒芜和萧条，除了墙边立着一些落尽叶子的树木，墙头爬着一些枯藤，整个园子里别说百草了，连一棵绿草都看不到。但远道而来的少年并没有因此而失望，因为鲁迅先生笔下的百草园已经为他提供了一个想象的蓝本。根据蓝本，他不仅可以在想象中把百草园的情景复原，或许比原本的百草园更加丰富多彩，更加美好动人。

⑩跨过一条小河，走过一座石桥，我当然也看了河边的三味书屋。比起百草园来，我不那么喜欢三味书屋。这可能与鲁迅先生的态度有关。我从鲁迅先生的态度里感觉出来，他对三味书屋也不是很喜欢，百草园和三味书屋，似乎代表着他的两个人生阶段，如果说前者代表自由的话，后者就意味着从此被约束，失去了无忧无虑的自由。

⑪在 1972 年，我 21 岁那年，当矿工之余，竟然写起小说来。50 岁那年，我的短篇小说《鞋》竟有幸获得了第二届鲁迅文学奖。当年的 9 月 22 日，在鲁迅先生诞生 120 周年之际，我去绍兴领了奖。颁奖大会之后，在组委会的安排下，我和所有的获奖者一起，参观了鲁迅故居，以及百草园和三味书屋。35 年后，重访百草园，我难

免心生感慨，在心里默默地对百草园说：百草园，我又来了，你还记得我吗？还记得当年那个 15 岁的少年吗？

（有删减）

（河北省邢台市 2021—2022 学年高一上学期期末语文试题）

▶试　题

1. 下列对文章相关内容的理解，正确的一项是（　　）（3 分）

A. "我"只记得第一次去百草园的大致时间，这说明第一次去百草园的经历没有给"我"留下深刻的印象。

B. 杭州名胜数不胜数，但"我"最想去的地方是百草园，这与"我"小时候学习《从百草园到三味书屋》有关。

C. "我"和鲁迅一样，小时候都不喜欢读书，向往自由的生活，因此与三味书屋相比，"我"更喜欢百草园。

D. 获得鲁迅文学奖之后，"我"的心态发生了变化，因此"我"重访百草园的感受要比第一次更加从容淡定。

2. 下列对文章艺术特色的分析鉴赏，不正确的一项是（　　）（3 分）

A. 文章以"我"回忆的方式，写"我"两次前往百草园的经历，给读者以真实、生动之感。

B. "西边的天际飞满红霞"暗示时间的变化，与前文"我"披着星光出发形成时间上的照应。

C. "我"第一次看到的百草园与"我"所想的百草园形成鲜明

对比，"我"感到十分遗憾。

D. 作者对自己两次百草园之行的叙写进行了详略安排，这样安排使文章详略得当，重点突出。

3. 请简要分析文中画横线句子的含意。（4分）

_____

_____

_____

4. 文章为什么着重描写"我"第一次前往百草园时在路途上的经历？请结合文章内容简要分析。（6分）

_____

_____

_____

推　磨

①小时候我不爱干活儿，几乎是一个懒人。可我娘老是说，一只鸡带俩爪儿，一只蛤蟆四两力。在这样的观点支配下，一遇到合适的小活儿，娘就会拉上我，动用一下我的"俩爪儿"，发挥一下我的"四两力"。

②秋天，生产队给各家各户分红薯。鲜红薯不易保存，把一块块红薯削开，削成一片片红薯片子，摊在地里晒干，才便于保存。削红薯片子是技术活儿，由娘操作。娘分派给我的任务，是把湿红薯片子运到刚耩上小麦的麦子地里，一片一片摊开。这么多红薯片子，啥时候才能摊完呢？我一见就有些发愁。娘好像看出了我的畏难情绪，手上一边快速削着红薯片子，一边督促我："快，快，手脚放麻利点儿！"我虽然不爱干活儿，却很爱面子，不愿让娘当着别人的面吵我，只得打起精神，用竹篮子把红薯片子装满，抵在肚子上，一趟一趟往附近的麦子地里运。天渐渐黑下来了，月亮已经升起，照得地上的红薯片子白花花的。当时我一点儿都不觉得美，更没有感到什么诗意，只想赶快把活儿干完，好回家吃饭。

③比起晒红薯片子，最让我难忘的活儿是推磨。

④石磨分两扇，下扇起轴，上扇开孔，把轴置于孔中，推动上扇以轴为圆心转起来，夹在两扇石磨间的粮食就可以被磨碎。磨的上扇两侧，各斜着凿有一个穿透性的磨系眼，磨系眼上拴的绳套叫

磨系子，把推磨棍穿进磨系子里，短的一头别在上扇的磨扇上，长的一头杠在人的肚子上，利用杠杆的原理，人往前推，石磨就转动起来。

⑤我刚参与推磨时，还抱不动一根磨棍，娘让我跟她使用同一根磨棍推。娘把磨棍放在小肚子上往前推，我呢，只能举着双手，举得像投降一样，低着头往前推。人的力量藏在身上看不见，只有干活儿的时候才能显现出来。可因为我和娘推的是同一根磨棍，我不知道能不能帮娘增加一点儿力量。娘一个劲儿鼓励我，说："好，好，不错，男孩子就是劲儿大。"得到娘的鼓励，我推得更卖力，似乎连吃奶的力气也使了出来。一开始我觉得推磨像是一种游戏，挺好玩的。好多游戏有一个共同的特点，那就是让不动的东西动起来，不转的东西转起来。推磨不就是这样嘛！可很快我就发现，石磨可不是玩具，推磨也不是游戏，推磨的过程过于沉重、单调和乏味。只推了一会儿，我就不想推了，拔腿就往外跑。娘让我站住，回来！我没有听娘的话，只管跑到院子外边去了。

⑥等我长得能够单独抱得动磨棍，就不好意思再推磨推到半道跑掉。娘交给我一根磨棍，等于交给我一根绳子，我像是被拴在石磨上，只能一圈接一圈推下去。推磨说不上前进，也说不上后退，因石磨和磨盘是圆形的，磨道也是圆形的，推磨的人只能沿着磨道转圈，转一圈又一圈，循环往复没有尽头。

⑦推磨不仅要付出体力，更要付出耐力。每个人的耐心，都不是天生就很足够，多是后天经过锻炼积累起来的。对我的耐心最大的考验来自每年春节前的推磨。一年一度过春节，要蒸白馍，包饺子，炸麻花，需要比较多的面粉。过年主要是吃白面，白面都是由麦子磨出来的。在所有的粮食中，因麦子颗粒小，坚硬，是最难研

磨的品种之一。没办法，人总得过年，总得吃饭，再难推的磨也得推。年前学校已经放寒假，我再也找不到逃避推磨的理由，只得硬着头皮加入推磨的行列。平常我们吃不到白面馍，都是吃用红薯片子面做成的黑面锅饼子，锅饼子结实又黏牙，一点儿都不好吃。吃白面馍的希望构成了一种动力，推动我们把磨推下去。

⑧20世纪80年代，随着农村通电和打面机的普遍使用，石磨就用不着了。我小时候反复推过的、曾磨炼过我的耐心的石磨，也不知扔到哪里去了。

⑨推磨的时代结束了，怀念就开始了。

（摘编自《人民日报》，2017年2月22日）

（安徽省江淮十校2018届高三第三次联考语文试题）

▶试 题

1. 下列对文章内容和艺术特色的分析鉴赏，不正确的一项是（ ）（3分）

A. 文章叙述了"我"晒红薯片子和推磨的活动，体现出"我"生活的年代特征以及娘对孩子的教育方法等，解说了第①段中娘的思想观点。

B. 文章语言口语化、生活化，亲切自然，特别是对娘的描写，不仅体现了娘对"我"的关爱之情，还体现了娘对"我"循循善诱的教育。

C."当时我一点儿都不觉得美"表达了"我"对晒红薯片子的劳累的真实感受，但从"当时"一词推测，"我"现在很怀念当年生活的诗意。

    D. "我"认为推磨是围着磨道转圈的循环往复，再结合打面机普及后就不再用石磨的事实可知，"我"喜爱劳动但讨厌重复劳动的思想。

    2. 文章第④段交代了哪些内容？有何具体作用？（5分）

_____

_____

_____

    3. 作者在体力劳动（如晒红薯片子、推磨）的过程中有哪些感悟？请结合文章内容作简要分析。（6分）

_____

_____

_____

母亲的奖章

①母亲去县里参加劳动模范表彰大会的时间，是1957年的春天。从县里回来，母亲带回了一枚奖章，还有一张奖状，奖状和奖章是配套的。

②而我只对奖章有印象。那枚奖章相当精美，的确是一件不错的玩意儿。我们小时候主要是玩泥巴，没有什么像样的东西可玩。母亲的奖章，像是为我提供了一个终于可以拿得出手的玩具。母亲把奖章放在一个用牛皮做成的小皮箱里，小皮箱不上锁，我随时可以把奖章拿出来玩一玩。我没把奖章戴在身上试过。因没见母亲戴过，我不知把奖章戴在哪里。有一次，我竟把奖章挂在门口的石榴树上了，好像给石榴树戴了一个大大的耳坠一样，挺逗笑的。

③我不仅自己喜欢玩奖章，别的小孩子到我们家玩耍，我还愿意把奖章拿出来向他们显摆，那意思是说：你们家有这个吗？没有吧！我只让他们看一看，不让他们摸。见哪个小孩子伸手想摸，我就赶紧把奖章收回来。

④不知什么时候，奖章不见了。我一次又一次把小皮箱翻得底朝天，连奖章的一点儿影子都没见到。奖章没长翅膀，它却不声不响地"飞"走了。母亲奖章的丢失，对我们兄弟姐妹来说是一个谜，这个谜也许永远都解不开了。

⑤倘若母亲的奖章继续存在着，那该有多好！每次看到奖章，

我们就会想起母亲，缅怀母亲勤劳而光荣的一生。然而，奖章不在了，它却住进了我的心里。我放弃了对物质性的奖章的追寻，开始追寻奖章的精神性意义。

⑥当劳模不是百里挑一，也不是千里挑一，而是万里挑一。应该说母亲能当上劳动模范是很不容易的。那么，一个普普通通的农村妇女，怎么就当上劳动模范了呢？怎么就成了那个"万一"呢？既然模范是以劳动命名，恐怕就得从劳动上找原因。听大姐、二姐回忆说，母亲干起活儿来只有两个字，那就是要强。往地里挑粪，母亲的粪筐总是装得最满，走得最快。麦季在麦田里割麦，不用看，也不用问，那个冲在最前面的人一定是我们的母亲。别的妇女绞水车时，都是一次上两个人。而母亲上阵时，坚持一个人绞一台水车。她低着头，塌着腰，头发飞，汗也飞，一个人就把水车绞得哗哗的，抽出的水水头蹿得老高。

⑦母亲的身材并不高，体重也不重。可是，母亲哪里来的那么大的力量呢？以前我不能理解，后来才慢慢理解了。母亲的力量源于她强大的意志力，也就是我们那里的人所说的心劲儿。心劲儿，也就是心上的力量。心上的力量大了，一个人才算真正有力量。体力再好，如果心劲儿不足，无论如何都称不上有力量。一个人心上的力量，说到底就是战胜自己的力量。只有能够战胜自己，才能战胜困难，战胜别人。倘若连自己都不能战胜，先败在自己手里，还指望能战胜谁呢！

⑧与母亲相比，我的心劲儿差远了。说实话，小时候我是一个懒人，几乎养成了好吃懒做的习惯。后来参加工作到煤矿，我才失去了对家庭的依赖。一个人孤身在外，由于环境的逼迫，我不得不学着自己照顾自己。好在母亲勤劳的遗传基因很快在我身上发挥了

作用，同时也是自尊、自立和成家的需要，我开始挖掘自身的劳动潜能，并逐步认识到劳动的意义。

⑨直到现在，我才稍稍悟出来了，原来劳动不是别人强加给我们的，而是生命的一种需要。我们劳动的过程，是修行的过程。如果人的一生还有点意义的话，其意义正是通过不断辛勤劳动赋予的。从这个意义上讲，能当一个劳动模范是多么的光荣！

⑩人说闻道有先后，人的觉悟也有早晚。而我现在才对劳动模范重视起来。从现在起，我要好好向母亲学习，天天按劳动模范的标准要求自己，体力可以衰退，心劲儿永远上提。就算别人不评我当劳动模范，我自己评自己还不行吗！

（有删改）

（内蒙古自治区赤峰市 2019 年高一下学期语文期中考试）

▶试　题

1. 下列对这篇文章的相关内容和艺术特色的分析鉴赏，不正确的一项是（　　）（3 分）

A. 文章第①段写作者母亲的奖章，照应了标题，而强调奖章的来源则与下文写作者对奖章的态度形成对比。

B. 作者最初只是把母亲的奖章当作一个小玩意，当作向小伙伴炫耀的资本，并没有体会到它是人们对母亲劳动的肯定。

C. 第⑥段中，作者撷取母亲挑粪、割麦、绞水车等劳动时的若干典型画面，详略得当，刻画出母亲勤劳要强的形象。

D. 文章以"母亲的奖章"为纽带，设置了明、暗两条线索：明线写作者对母亲的奖章认识的深入，暗线写母亲一生的经历。

2. 文章第⑤段有什么作用？请简要分析。（3分）

_____

_____

_____

3. 请结合文本内容，谈谈你对"而我现在才对劳动模范重视起来"的内涵的理解。（3分）

_____

_____

_____

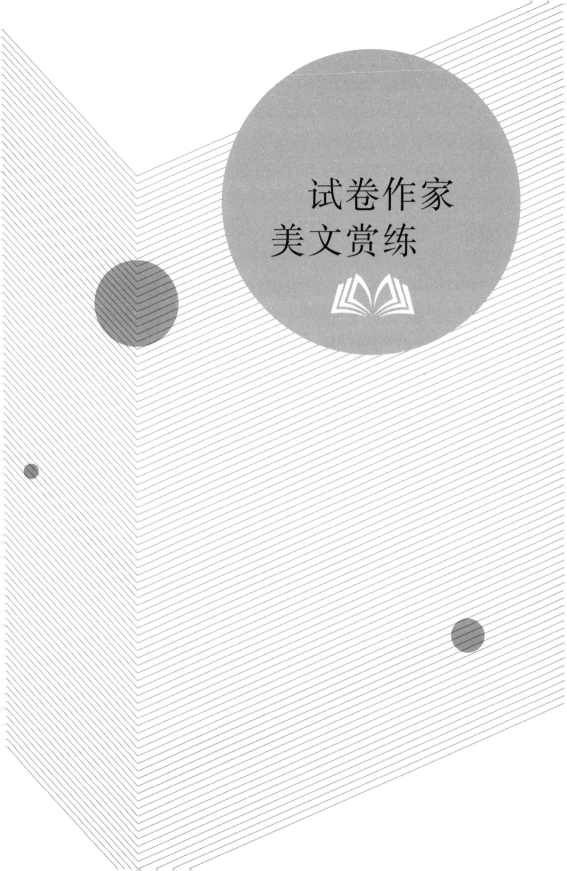

试卷作家
美文赏练

学会守时 /

🌸 **心灵寄语**

　　人有三守：守时、守信、守己，三者相辅相成，缺一不可。三者当中，守时最日常、最具体，对每个人来说应该是最基本的要求。

　　时间如流水，流水我们留不住，时间倒还可以遵守。其实时间就是用来遵守的，上学、上班、登车、登机等，都得遵守时间。如果错过了规定的时间，时间一去不返，是不会等你的。人有三守：守时、守信、守己，三者相辅相成，缺一不可。三者当中，守时最日常、最具体，对每个人来说应该是最基本的要求。记得我在煤矿当工人的时候，安全规程对上下班时间都有非常严格的要求。上班必须提前到达工作地，不可迟到。而下班绝不可有半点提前，就算当班的任务早就完成了，也得等着与接班的工友按时交接，"手交手，口交口，交不清，不能走。"

　　工作中是这样，在社交生活中，我们也应该学会守时。相比之下，工作中守时比较容易做到，因为有制度、管理、监督等机制管着你，不守时会受到批评，甚至惩罚。而在社交生活中，没有了外力的制约，人们对时间的遵守往往就有所放松。特别是一些从事写作的朋友，他们平时自由惯了，也散漫惯了，偶尔聚会，有人总是不能按时赴约。比如有一个朋友，喝酒挺实在的，但每次聚会都迟迟不到。迟到对他来说是一种常态，提前或按时到场的情况几乎没有。他每次迟到，总能找到迟到的理由，不是路远，就是堵车，或是被别的事耽误了。我们罚他喝酒时，他哈哈笑着，一再说对不起，不好意思。态度倒是蛮好的。别以为他这次挨了罚，道了歉，下次就守时了，不会的，下次聚会他还是"不好意思"。

自查起来，和朋友们聚会，我也曾有过迟到的时候。但自从经历了那件事情之后，再和朋友聚会，我要么提前到，要么准时到，再也不会晚去。那件事情的经过被我白纸黑字记在笔记本上，到什么时候都不会忘记。时间是 1993 年 9 月 15 日下午，地点是北京钟鼓楼旁边的马凯餐厅，起因是深圳方面组织全国性的文稿竞价拍卖会，派李骏先生到北京来拉稿子，召集人为雷达老师，参加聚会的有陈荒煤、冯牧、刘恒、白烨、朱晓平、王朔、卢跃刚等人。聚会地点离我家不是很远，那天我是骑自行车去的。骑自行车的好处是机动灵活，一般不会耽误时间。约定的具体时间是晚上六点半，我提前十分钟就到了。事前我并不知道参加聚会的都有哪几位，到餐厅一看，才见陈荒煤先生、冯牧先生和雷达老师等已经到位。他们比我到得还早。陈荒煤先生那年八十岁，冯牧先生七十四岁，他们都是我所尊敬的文坛老前辈。以前我只在开会时见过他们二位，这么小范围地和他们聚会，对我这个后辈来说还是第一次。雷达老师特意向冯牧先生介绍了我，说我是"北京三刘"之一。冯牧先生说知道，他读过我写矿工的小说。冯牧先生还说，有一个叫刘毅然的，也姓刘，小说写得也不错。

六点半过了，还差两个人没到，朱晓平和王朔。那就再等会儿吧，先上凉菜。凉拌黄瓜等凉菜端上来了，又等了半个钟头，朱王二人仍未到。我见冯牧先生有些不悦，说这两个小子，让两个老头子等他们这么长时间，太不像话！那时移动电话不叫手机，叫大哥大，大哥大属奢侈品，一般人用不起。在餐厅里没法儿和二位联系，只有继续等下去。又等了几十分钟，都快八点了，朱晓平和王朔终于到了。这时冯牧先生已经不是不悦的问题，他生气了，甚至有些愤怒，一见朱晓平就骂起来。他的骂有些不由分说，朱晓平又是道歉，又是解释，他还是不肯罢休。不知为什么，他没有骂王朔，只把矛头对准朱晓平一个。大概是因为朱晓平在中国作协工作过，曾是他的部下，他对朱晓平就格外不客气。冯牧先生骂朱晓平骂得很难听，碍于晓平兄的面子，这里就不再重复了。反正那天的饭局偏离了主题，吃得很不愉快。至于喝了什么酒，吃了什么菜，我一点儿都记不起了，只对冯牧先生因朱晓平和王朔迟到发脾气留下了深刻印象。

我除了庆幸自己那天没有迟到，还在心里暗暗留下了一个记号，以告诫自己：以后凡有朋友们聚会，一定要守时，万万不可迟到。特别是在有老同志参与的情况下，一定要提前到。这是尊重别人，也是尊重自己。时间无处不在，我们每时每刻都在和时间打交道。不光朋友们聚会，我们每天从睁眼起床，到晚上闭灯休息，中间无论是学习、开会，还是旅游、看戏，都有一个守时的问题。守时既是守信和守己的前提，本身也是守信和守己的组成部分，如果连守时都做不到，就谈不上守信和守己。鲁迅先生从生命的高度，直接把时间和生命联系起来，说"时间就是生命"。从这个意义上延伸理解，守时也是珍惜生命和守护生命啊！

精彩
—赏析—

　　惜时、守时，是一种纪律，也是对自己、对他人的基本尊重。人要学会惜时，做事要做到守时。本文作者开篇点题，强调守时的重要性：守时最日常、最具体，对每个人来说应该是最起码的要求。作者通过列举具体的事例，进一步说明自己对守时的理解。通过列举朋友聚会，总有人一再地迟到，毫不悔改，说明在社交生活中，没有了外力的制约，人们对时间的遵守往往就有所放松。通过列举有老同志参与的聚会，迟到的人被一顿批评，说明不是所有人对迟到者都能忍让，不守时无论在什么场合，都是不尊重人的表现。最后作者感叹道："守时也是珍惜生命和守护生命啊！"升华文章主旨，启迪读者进行深刻的反思。

犹如荷花

> 荷花肯定是从淤泥里生长出来的，没有淤泥的肥沃，就没有荷花的清新、美丽。我们在看到美丽的荷花时，不要忘记感谢淤泥。

　　好小说犹如荷花，是从水底的淤泥中生长出来的。

　　在北京的郊区怀柔，有一座叫翰高的文创园。文创园的模式是一园加三园，另三园为花园、果园、菜园。园子里有一方水塘，春来时，水塘里紫红的芦芽和嫩绿的香蒲刚冒出来，先知春消息的青蛙就开始鸣叫，"呱呱……"，越是夜深人静的时候，它们叫得越嘹亮，像是要把月亮和星星都邀下来，跟它们一块玩耍。城里只有市声，无论如何是听不到蛙鸣的。那水塘里的蛙鸣，唤醒的是我久违的乡村少年的感情，让我觉得有些亲切，还有些感动。不管青蛙们在夜里怎样鸣叫，都不会影响我睡眠。比如大海的涛声、江水的奔腾、暴雨的泼洒、遍地的虫鸣，都是天籁之声，声响越大，越显出周围环境的沉静。蛙鸣也是，枕着悦耳的蛙鸣，我似乎睡得更香，更悠远。

　　水塘主要是荷塘，荷塘里所开的花也主要是荷花，不是茨菰花，也不是芦花。香蒲所结的是香蒲棒，看上去毛茸茸有些发红的香蒲棒，像是一支支蜡烛，又像是一根根香肠，左看右看，都与花开的样子相去甚远。荷花不争春，它总是和夏天联系在一起。到了初夏，荷叶才悄悄从水底冒出来。在日常写作的间隙，我每天都会到荷塘边驻足，看看有没有荷花的最新"消息"。荷花是可期的、守信的，它肯定不会让我失望。当然，一般来说都是绿叶在前，红花在后；荷叶在前，荷花在后，等荷叶铺垫好了，荷花才会出场、登台。荷叶刚浮出第一片，我就发现了。接着，就浮出了第二片、第三片。新生的荷叶与日俱增，还不到一周时间，碧绿的荷叶就多得数不清了。我注意到，刚出水的荷叶并不是一片，而是一卷，像是一轴画卷。"画卷"不是单向朝一边卷，是双向从两边往中间卷，这样"画卷"打开的时候，就是从中间向两侧徐徐展开，展成圆形的画面。平铺在水面的"画卷"是这样，那些被荷叶的秆子高高举起的"画卷"也是如此，而且，"画卷"刚从水中升起时是竖立的，"画轴"的两端都有些尖锐，像矛。慢慢地，"画轴"渐渐端平，"画卷"才一点一点对着天空展开。荷叶有的大，有的小；有的高，有的低。我不明白的是，荷叶这是怎样的分工呢？自然又是怎样的安排呢？好在大的不排挤小的，小的也不嫉妒大的；高的不蔑视低的，低的也不巴结高的，这样才形成了和谐的差别之美和错落之美。

待荷叶铺垫得差不多了，荷花的花骨朵儿开始脱水而出。刚露出水面时，花骨朵儿小小的，像一个枣子那么大。随着花秆越举越高，花骨朵儿就越变越大，从枣子大小，变得像杏子那么大，又变得像桃子那么大。花骨朵儿在刚露出那么一点点儿时，顶尖部分就微微有些发红，透露出了里面所包含的"红消息"。荷花给人的感觉，仿佛是在某个早上突然绽放，其实不是，荷花的花朵都是有耐心的花朵，它们循序渐进，是一点一点打开的。当花骨朵儿大得不能再大，变得通体红透，连花骨朵儿最外面一层看似绿色的外衣都变红时，荷花才郑重而隆重地打开，一开就很大。世上的花朵千种万种，千朵万朵，有哪一种花朵比荷花的花朵更大呢，恐怕没有吧，反正我一时想不起来。

荷花的红不是大红，是粉红。花开到最大时，也红到最红。复瓣的花瓣层层打开之后，花瓣中央的莲蓬和花蕊就和盘托了出来。莲蓬是浅绿色，花蕊是鹅黄色。簇拥着莲蓬的花蕊细细的，游丝一样在微微颤动，每一根花蕊顶端都附着一粒白色蚁卵一样的花粉。让人有些遗憾的是，荷花的红颜并非一成不变，一红到底，它们开着开着，花瓣会有些褪色，由粉红变成粉白，再从粉白变成蝶白。荷花脱落的花瓣很多不会直接落在水里，因为水面铺满了荷叶。落在绿色荷叶上的白色花瓣，仍不失其皎洁的美丽。

一日雨后初晴，我在荷塘边的石鼓墩子上坐了一会儿，见朵朵荷花经过雨水的洗礼，显得更加艳丽。平铺在水面的每一片荷叶上，都分布着一些白色的水滴，如颗颗珍珠。高擎的荷叶边沿高上去，中间凹下来，形成一个个叶盏。盛在叶盏里的雨水，在荷叶底子的衬托下，如玻璃种的翡翠。有的荷花的花瓣落尽了，花蕊垂下去，莲蓬举起来。在我看来，举起的莲蓬特别像一只只酒盅，酒盅里似斟满酒浆，在招邀朋友喝一盅。空气湿润，荷塘里散发的是荷叶和荷花特有的那种清新气息，气息沁人心脾，人还没有"喝酒"，已先陶醉了几分。白色的蝴蝶飞过来了，在翩翩起舞。宝蓝色的蜻蜓用尾部一次又一次点水，把水面点出圈圈涟漪。一种比蜜蜂体型大的黄蜂在花朵中爬进爬出，不知它忙些什么。水里的鱼儿大概要捕食在水面滑行的"水拖车"，啪地跃出了水面，带出了一股浑水。

不用说，荷塘的水底是有淤泥的，而且，淤泥还相当厚，相当肥。不然的话，荷叶不会长得这样圆，荷花不会开得这样艳。在每年一秋一冬一春，荷都扎根于淤泥中，从淤泥中汲取养分，蓄势待发。可以说，淤泥对于荷花成长和开放的作用是决定性的，没有淤泥的污浊，就不会有荷花的清丽。我们在欣赏荷花的时候，不忘感谢淤泥就可以了，不必兜底把淤泥搅上来。要是把淤泥搅上来，那就不好看了，人们看到会觉得不舒服。

精彩赏析

淤泥给予了荷花生命的动力，它们是荷花赖以生存的沃土。人们会赞美荷花"出淤泥而不染"，也会赞美荷叶"惟有绿荷红菡萏，卷舒开合任天真"。但是，谁会想到默默无闻的淤泥，也许它不够"雅"，但它却养育、滋润了荷花。尽管如此，它还要饱受人们的非议。作者在文章开头说："好小说犹如荷花，是从水底的淤泥中生长出来的。"其实是将生活比作淤泥，犹如荷花的好小说都是源自生活的。生活也许并不美丽，但它却一直在创造和滋养美丽。作者通过大篇幅对荷花美丽的描写，来突出自己的观点：我们在欣赏荷花的时候，不要忘记感谢淤泥，也不必一定要将淤泥"搅上来"，理解它的默默无闻和奉献精神就好。

《走窑汉》是怎样"走"出来的

——我与《北京文学》

🌸 **心灵寄语**

回顾自己的成长历程、学习或工作经历，你会发现每一步都是有意义的，都需要我们的坚持和努力。

《北京文学》是我的"福地"，我是从这块"福地"走出来的。1985年9月，我在《北京文学》发表了短篇小说《走窑汉》，这篇小说被文学评论界说成是我的成名作。林斤澜先生另有独特的说法，他在文章里说："刘庆邦通过《走窑汉》，走上了知名的站台。"汪曾祺先生也曾对我说："你就按《走窑汉》的路子走，我看挺好。"

在《北京文学》创刊70周年之际，我主要想回顾一下《走窑汉》的发表过程，作家、评论家对它的关注，以及它所产生的一系列影响。

我的老家在河南，1970年7月，我到河南西部山区的煤矿参加了工作。我一开始写的小说，在河南的《奔流》和《莽原》杂志上发表得多一些，一连发表了八九篇吧。当时在《北京文学》做编辑的刘恒，看到我在河南的文学杂志上发表的小说，写信向我约稿，希望我给《北京文学》写稿子。我给《北京文学》写的第一篇小说叫《对象》，发表在《北京文学》1982年第12期。大概因为这篇小说比较一般，发了也就过去了。但这篇小说能在《北京文学》发表，对我来说是重要的、难忘的。我认为《北京文学》的门槛是很高的，能跨过这个门槛，使我的写作自信增加不少。刘恒继续跟我约稿，他给我写的信我至今还保存着。他在信中说："再一次向你呼吁，寄一篇震的来！把大旗由河南移竖在北京文坛，料并非不是老兄之所愿了。用重炮向这里猛轰！祝你得胜。"刘恒的信使我受到催征一样的强劲鼓舞。1985 年夏天，在我写完了长篇小说《断层》之后，紧接着就写了短篇小说《走窑汉》。写完之后，感觉与我以前写的小说不大一样，整篇小说激情充沛、心弦紧绷，字字句句充满内在的张力。我的妻子看了也说好，她的评价是，一句废话都没有。这篇小说我没有通过邮局寄给刘恒，而是趁一个星期天，我骑着自行车，直接把小说送到了《北京文学》编辑部。那时我家住在建国门外大街的灵通观，《北京文学》编辑部在西长安街的六部口，我家离编辑部不远，骑上自行车，十几分钟就可到达。因为那天是休息日，我吃不准编辑部里有没有人上班。我想，即使去编辑部找不到人也没什么，我到长安街遛一圈也挺好。我来到编辑部一间比较大的编辑室一看，见有一个编辑连星期天都不休息，正在那里看稿子。而且，整个编辑部只有他一个人。那个编辑是谁呢？巧了，正是我要找的刘恒。我们简单聊了几句，刘恒接过我送给他的稿子，当时就翻看起来。一般来说，作者到编辑部送稿子，编辑接过稿子就会放下，然后会说，稿子他随后看，看过再跟作者联系，是不会立即为作者看稿子的。然而让我难忘和感动的是，刘恒没有让我走，马上就为我看稿子。他特别能理解一个业余作者的心情，善于设身处地地为作者着想。刘恒在一页一页地看稿子，我就坐在那里一秒一秒地等。他看我的稿子，我就看着他。屋里静得似乎连心脏的跳动都听得见。

我心里难免有些打鼓，不知道这篇小说算不算刘恒说的"震"的，亦不知算不算"重炮"，一切听候刘恒定夺。在此之前，我在《奔流》上读过刘恒所写的小说，感觉他比我写得好，他判断小说的眼光应该很高。小说也就七八千字，刘恒用了不到半个小时就看完了。刘恒的看法儿是不错，挺震撼的。他还说，小说的结尾有些出乎他的预料。我的小说结尾出乎他的预料，刘恒的做法也出乎我的预料，他随手拿过一张提交稿子所专用的铅印稿签，用曲别针把稿签别到了稿子上方，并用刻刀一样的蘸水笔，在稿签上方填上了作品的题目和作者的名字。

1985年9月号的《北京文学》，是一期小说专号。我记得在专号上发表小说的作家有郑万隆、何立伟、乔典运、刘索拉等，我的《走窑汉》所排列的位置并不突出。但在20世纪80年代，人们主要关注的是作品本身的文学品质，对作品排在什么位置并不是很在意，看作品也不考虑作者的名气大小。对于文学杂志上出现的新作者，大家带着发现的心情，似乎读得更有兴趣。

小说发表后，我首先听到的是上海方面的反应。王安忆看了《走窑汉》，很是感奋，用她的话说："好得不得了！"她立即推荐给上海的评论家程德培。程德培读后激动不已，随即写了一篇评论，发表在1985年10月26日的《文汇读书周报》上，评论的题目是《这"活儿"给他做绝了》。程德培在评论里写道："短短的篇章，它表现了诸多人的情与性，爱情、名誉、耻辱、无耻、悲痛、复仇、恐惧、心绪的郁结、忏悔、绝望，莫名而无尽的担忧、希望而又失望的折磨，甚至生与死，在这场灵魂的冲突和较量中什么都有了。这位不怎么出名的作者，这篇不怎么出名的小说写得太棒了！"当年，程德培、吴亮联袂主编了一本厚重的《探索小说集》，由上海文艺出版社出版。小说集收录了《走窑汉》。后来，王安忆以《走窑汉》为例，撰文谈了什么是小说构成意义上的故事，并谈到了推动小说发展的情感动力和逻辑动力。说实在话，在写小说时，我并没有想那么多。王安忆的分析，使我明白了一些理性的东西，对我今后的创作有着启发和指导性的意义。

北京方面的一些反应，我是隔了一段时间才听到的。有年轻的作家朋友告诉我，在一次笔会上，北京的老作家林斤澜向大家推荐了《走窑汉》，说这篇小说可以读一下。1986 年，林斤澜当上了《北京文学》主编。在一次约我谈稿子时，林斤澜告诉我，他曾向汪曾祺推荐过《走窑汉》。汪曾祺看过一遍之后，并没觉得有什么特别的好。林斤澜坚定地对汪曾祺说："你再看！"等汪曾祺再次看过，林斤澜打电话追着再问汪曾祺对《走窑汉》的看法。汪曾祺这次说："是不错。"汪曾祺问："作者是哪里的？"林斤澜说："不清楚，听说是北京的。"汪曾祺又说："现在的年轻作家，比我们开始写作时的起点高。"在全国第五次作家代表会上，林斤澜把我介绍给汪曾祺，说这就是刘庆邦。汪曾祺像是一时想不起刘庆邦是谁，伸着头瞅我佩戴的胸牌，说他要"验明正身"。林斤澜说："别看了，《走窑汉》！"汪曾祺说："《走窑汉》，我知道。"

可以说，是《走窑汉》让我真正"走"上《北京文学》，然后走向全国。近 40 年来，我几乎每年都在《北京文学》上发表作品，有时一年一篇，有时是一年两篇。前天我专门统计了一下，迄今为止，我已经在《北京文学》发表了 35 篇短篇小说，5 部中篇小说，一篇长篇非虚构作品，还有七八篇创作谈，加起来有 60 多万字，出两本书都够了。

走窑汉，是对煤矿工人的称谓。我自己也曾走过窑。煤还在挖，走窑汉还在"走"。我的持续不断的写作,与走窑汉挖煤有着同样的道理。"走窑汉"往地层深处"走",是为了往上升;"走窑汉"在黑暗里"行走",是为了采掘和奉献光明。

精彩
—赏析——

　　作者的代表作品《走窑汉》讲述了一个煤矿工人复仇的故事。用程德培的话总结这篇小说:"短短的篇章,它表现了诸多人的情与性……希望而又失望的折磨,甚至生与死,在这场灵魂的冲突和较量中什么都有了。"不难看出,这是一篇非常值得一看的小说。作者通过回忆创作并发表这篇小说的历程,表达了对《北京文学》的崇敬及对当时的编辑刘恒的感激之情,也表达了对评论家们、老一辈作家的尊重、敬意和感激。一路走来,作者通过思考和反映身边的人和事,用独特的视角和笔墨描写人性与情感、生存与矛盾等,终是"走"出了自己的一方天地。

———————————

"北京三刘"的由来

> 心中写满的回忆是对生活的希望，对生活的热爱，还有我们的曾经。

　　一个人开始回忆往事，是不是表明这个人已经老了呢，是不是或多或少有些悲哀呢？然而，有些事如果当事人不回忆，别人不会当回事，大约也没兴趣回忆。就算偶尔片鳞半爪的提及，也不一定确切。比如曾在文学界流传的"北京三刘"这个说法的由来，别人就很难说清，还是由我来回忆好一些。

　　据我所知，是北京"劲松三刘"的说法在前。"三刘"分别指的是小说家刘心武，评论家刘再复，诗人刘湛秋。恰好三位作家当时都居住在北京城东南部的劲松小区，又都姓刘，有人大概觉得这也算一个噱头，就把他们打包写进了文章里。好在"劲松"是个不错的意象，用"劲松"概括"三刘"，读者读到的也是褒扬的意思。尽管他们后来各奔东西，但一提"劲松三刘"的标签，大家还是很快就能记起他们的名字。

　　在我国的传统文化里，自从有了老子的"道生一，一生二，二生三，三生万物"之说，人们总愿意拿三说事儿，好像三本身就代表万物，甚至代表无限，说起来比较省事儿。于是，有了"劲松三刘"不够，又有人在更大范围内把刘恒、刘震云和我撮堆儿，"北京三刘"的说法也出来了。当然了，任何说法都不是凭空而来，都会有一些依据。之所以把我们三个刘氏兄弟放在一起说，是因为在 20 世纪 80 年代后期，我们都在《北京文学》发表了有一定影响的作品。刘恒发的是中篇小说《伏羲伏羲》，刘震云发的是中篇小说《单位》，我发的是短篇小说《走窑汉》和中篇小说《家属房》。从我所保存的报纸资料里看，第一个在文章里说到"三刘"的是作家许谋清。

许谋清写"北京三刘"的这篇文章发表在《北京日报》1990 年 2 月 13 日副刊"广场"的头条位置，题目是"《北京文学》和北京作家群"。他在文章里列举了刘恒、刘震云的一些作品后写道："有人说叫'二刘'也可以，说叫'三刘'也不是不行。热心的读者在刊物中还可以发现，还有一个刘庆邦。他的年龄比'二刘'还大一点儿，正在走向不惑。一个作家的成熟，不能简单地以年龄而论。"

从文章里的口气不难看出，把我与"二刘"相提并论是勉强的，对我来说，把我列为"三刘"之一有忝列之嫌，颇让人有些捂脸。可三的神秘魅力再次显现出来，这个说法还是很快传播开去，并从北京传到了外地。时任吉林《作家》杂志副主编的宗仁发为了呼应这个说法，与时任《人民日报》文艺部副主任的王必胜共同策划，要在《作家》做一个"北京三刘作品小辑"。为此，宗仁发在 1992 年 3 月 31 日专门给我写了一封信，仁发在信中说："请仁兄及另外二刘给《作家》捧个场，这个主意是我一月份在必胜家与必胜议定的，为不落空，我委托必胜在京督阵。不知仁兄的稿子可曾写出？最好是每人一篇小说，然后一篇自传或创作谈（短些即可）。我想发在八月号上，开一个栏目，北京三刘小辑。时间已不宽裕，望仁兄别光琢磨，要立即行动！"

不知为何，仁发在当年的八月号上推出小辑的计划未能实现，直到 1993 年的二月号，小辑才在《作家》头条推出。在小辑里，发的是刘恒的中篇小说《夕阳行动》和创作谈《警察与文学》；刘震云的中篇小说《温故一九四二》和创作谈《狭隘与无知》；我的短篇小说《水房》和创作谈《关于女孩子》。震云的小说后来被冯小刚拍成了电影，我的小说被当年的《新华文摘》选载。在同一个小辑里，王必胜还为我们三人写了数千字的"作家印象记"，题目是"'三刘'小说"。

要知道，《作家》是一本一直坚守文学立场、保持文学尊严，在全国文坛很有影响力的刊物。有了《作家》的小辑，我们的知名度仿佛有了规模效应，一下子提高了不少。如果说《北京日报》上的说法还是一个易碎的新闻信息的话，《作家》杂志上的"北京三刘作品小辑"，无疑是一个比较正式的、有公信力的文学信息。果然，这个信息很快得到了文坛的认同，遂产生了一些后续的效应。有的出版社张罗着给我们出三人的作品合集，《北京文学》也有了给我们出作品小辑的计划。我不知道具体原因是什么，作品合集后来没有出成。《北京文学》出作品小辑的计划也没有实现，其原因我倒是听说一些，说是北京的刘姓作家太多了，比如还有刘绍棠、刘毅然、刘索拉等，绝非一组或两组"三刘"所能概括。而如果打破三人组合模式，扩大成刘氏作品专号的话，恐怕一期刊物都容纳不下。说着说着就成了笑谈，只好作罢。

关于"三刘"的笑话还有一些，我略举一例，聊博朋友们一哂。"三刘"的说法传开以后，连我当时供职的《中国煤炭报》的一些同事都知道了。有一位副总编，只听其音，不知其字，把"三刘"

的"刘"字理解成"流水"的"流"。有一次，我们一起到山东某大型煤矿企业去开会，副总编向企业的董事长介绍我说："这是我们报社的刘庆邦，副刊部主任，业余时间写小说，他被称为'北京三流'。"如果副总编只介绍到这里，流水无痕，也就过去了。副总编大概怕董事长不明白，又解释了两句："刘庆邦在北京虽然算不上一流作家，说三流作家还是可以的。"我怎么说？我没什么可说的。如果我说这个"刘"不是那个"流"，容易把话说多，显得我小气，太看重名声。再者，我要是忍不住加以解释，会给副总编的面子造成尴尬。我宁可自己尴尬，不能让别人尴尬，我只有点头，说是的是的。

我们哥儿三个都出生在20世纪的50年代：刘恒1954年出生，震云1958年出生，我生于1951年腊月。时间一晃儿，我说的都是30年前的话了。刘恒后来写了小说写电影，写了电影写话剧，写了话剧写歌剧，每样创作都取得了骄人的成绩。我曾为刘恒写过一篇印象记，题目是"追求完美的刘恒"，在《光明日报》发了一整版。震云的每部小说差不多都被拍成了电影和电视剧，对全国的观众构成了大面积的覆盖，线上线下的"云粉"不计其数，把震云牛得不行不行的。和他们二位相比，我在名和利两方面都有相当大的差距。我虽说开始写作比他们早，却不如他们出道早；我虽说年龄比他们大，但才气和名气却不如他们大。之所以旧话重提，我没有任何蹭热度的意思，若干年后，再若干年后，也许可以看作一点文学资料吧。

精彩
—赏析——

    本文属于回忆性散文，熔叙事、议论、抒情于一炉，在叙述上用回忆的方式，对过去发生的事件进行描写。作为回忆性散文，本文最大的特点就是具有双重视角：一是体验主体——过去的"我"；二是回忆主体——现在的"我"。文章中既有"当时的我"的感受，也有"现在的我"对"当时的我"的"感受"的"再感受"。在本文中，前部分的叙述者"我"，对"北京三刘"的由来进行了详细地说明，并谦虚地表示，自己被列入"三刘"有些勉强，只是因为"三"的神秘魅力。现在的"我"对于"三刘"的看法仍然是谦虚的——"之所以旧话重提，我没有任何蹭热度的意思，若干年后，再若干年后，也许可以看作一点文学资料吧。"通过阅读本文，可以让读者更好地认识和了解作者，学习一位成功的作家始终保有的谦逊和努力。

———————————

"平安"归来

> 人生的路，不可能一帆风顺。也不是每个人都有失而复得的机会，但失而复得一定可以让人更加珍惜。

我外出的机会很多，每年都有好多次。到了外地，我很少逛街，很少买东西。别人送给我的礼品，我一般也不愿往家里带。一是我把带东西视为一种负担，一种累赘，能不赘就不赘。二是在这个物质丰富的时代，家里的东西已经够多了，新摞陈，陈摞新，把家里有限的生存空间挤占得越来越小，几乎构成了压迫。曾出现过这样的情况，我万里迢迢把一件包装精美的物品拿回家，随手放到一个地方就忘记了。等偶尔再发现时，已经多少年过去，连我自己都想不起，这是什么东西？是什么时候放在这里的？

事情也有例外，有一年去新疆的和田，我竟一次买了四件玉制品。我们都知道，古往今来，和田是和玉连在一起的。"和阗昔于阗，出玉素所称"，把和田称为玉田也可以。到和田如果不观玉，不买玉，跟虚行一趟差不多。去和田之前，我已打定主意，要为妻子买一块玉。在20世纪80年代，北京刚有金首饰上市的时候，我就用两个多月的工资，加上一些稿费，为妻子买了一枚五克重、带有纪念意义的金戒指，得到了妻子的欢喜。到了和田，如果再给妻子买一件玉制品，那就"金玉"都有了。

和田卖玉的商店当然很多，每个商店里的玉制品都琳琅满目，让人观不胜观。我和一帮北京去的爱玉的朋友们在一家商店转来转去。我眼睛一亮，目光一聚焦，终于看上了一件玉制品。我的第一感觉是，这件玉制品就像是为我妻子准备的，并且已经准备了很久很久，就等着我来。如果我不去和田，那块玉也许还会默默地继续等下去。那是一件什么玉制品呢？原来是一只小小的玉兔。羊脂玉是白色的，在月宫中捣药的兔也是白色的，还有什么动物以玉相称呢，恐怕只有兔子吧。那只玉兔不是山料，是籽料。因为籽料上面有皮色，皮色在雕琢时还恰到好处的变成了巧色，就使玉兔成了全世界独一无二的孤品。更重要的是，我妻子是属兔的，我找来找去，找到了一只玉兔，没有比送她玉兔更合适了。当然，这样的玉件有些贵，已不是我的工资所能衡量的了，得动用储蓄才行。我不怕贵，贵了，才显得宝贵、贵重，才更有保存和佩戴价值。于是，我毅然把玉兔收入囊中。

说不定一辈子只到和田一次，我不能太亏待自己，也应该买块玉作纪念吧。我接着买了三枚平安扣儿，打算留给自己一枚，另两枚分别送给外孙女和刚出生不久的孙子。

妻子对玉兔的喜爱自不待言，爱到有些舍不得戴，一怕丢失，二怕别人眼热，只在过年过节或有重要活动的时候才戴一下。对于妻子的玉兔，我就不多说了，这次主要说说我的平安扣儿失而复得，"平安"归来的过程。

回到北京后，我去商场卖玉的柜台让人家给平安扣儿拴上紫红的丝绳，就戴在脖子上了。我听人说过，玉养人，人养玉，人玉互养，久而久之，人才会有玉精神，玉才会越来越温润。那么好吧，从此以后，我就把平安扣儿贴肤戴在身上，再也不分离。在北京的时候，不管是在家写作，还是外出锻炼身体，或到澡堂洗澡，我都会把平安扣儿戴在身上。特别是到外地出差需要坐飞机时，我更是提醒自己，千万别忘记把平安扣儿戴上。我不是一个迷信的人，但人活在多种理念中，总会心存一些理念。有些理念在我的头脑里萦绕的时间长了，就会变成一种信念，参与我的生活。比如平安扣儿，它被赋予的理念是平安，是保佑人的平安。人生一世，谁不想一辈子平平安安呢！既然平安扣儿有着平安的意思，戴上又不费事，不碍事，何必不戴呢！每一次从外地平安归来，我都感念其中应有平安扣儿的功劳，对平安扣儿的爱戴又增加了几分。

有一次，我在北京郊区的怀柔创作室写东西，回到城里的家时，发现平安扣儿没有带回，顿感脖子里空落落的。我相信平安扣儿没有丢失，很有可能落在创作室卧室里的床头柜上了。为避免睡觉时挂平安扣儿的丝绳缠脖子，睡觉前我习惯把平安扣儿取下来，放在床头柜的柜面上。床头柜的柜面是漆黑色的，平安扣儿放在上面如一朵雪，格外显眼。尽管我坚信平安扣儿不会丢，但一天不见，一天不戴，我觉得像是少点儿什么，心里还是不踏实。再来到创作室，我大步上楼，二事不干，马上去卧室找我的平安扣儿。怪事，床头柜的漆黑柜面空空如也，哪里有我的"一朵雪"呢！在我的想象里，"一朵雪"亮亮地在柜面上放着，我几乎把想象固定下来。在柜面上看不见"一朵雪"，这就超出了我的想象。"一朵雪"又不会融化掉，它到底到哪里去了呢？我一着急，头上的汗都出来了。在我的想象断片之际，一扭头，竟然发现平安扣儿在卧室一角的衣架上挂着。天哪，你怎么跑到这上面来了？你是要荡秋千吗！我急得什么似的，你怎么一声都不吭呢！平安扣儿玉容玉面，仍平静如初，仿佛在说："不用着急，我这不是好好的嘛，不是一直在等你嘛！"我赶紧把平安扣儿取下来，在手里摩挲了一会儿，戴在脖子上。我让平安扣儿紧贴我的胸口，对它说："我的胸口是温暖的，总比在金属的衣架上好一些吧，你今后不要再离开我了。"

这次把平安扣儿落在自己的创作室里，因我确信不会丢，加上很快就找到了，谈不上是失。但是，当我把平安扣儿重新紧紧攥在手心里的那一刻，失而复得的感觉和欣喜还是有一些的。到再次把平安扣儿长时间丢失在外地，当我失魂落魄似地对平安扣儿的思念愈来愈深，当我对找到平安扣儿已不抱什么希望，当我对余生能否平安感到焦虑的时候，谢天谢地，我的平安扣儿竟奇迹般地回到了我的心口儿。真的，我不记得以前在我身上发生过什么奇迹，平安扣儿的失而复得，无疑是我人生中的一个奇迹。这次的失，是真正的失，这次的得，也是真正的得。失而复得的感觉是那样的强烈，失而复得的欣喜堪称异常。人世间现成的文章总是很少，不少文章是勉强为之。而我的平安扣儿失而复得的过程，就是一篇现成的文章。如不把文章写出来，我会觉得愧对平安扣儿，愧对朋友，也对不起自己。

时间是 2020 年 9 月，作家出版社为我出了新的长篇小说《女工绘》。当年 11 月中旬，郑州松社书店的店长，邀我去书店跟读者聊聊这本书。到河南参加完一系列活动回到北京，晚上睡觉时，一摸脖子是空的，没有了平安扣儿。我的第一个念头是，坏了，平安扣儿一定是落在郑州的酒店了。有一种可能是，我睡觉时把平安扣儿取下来，随手放在枕头下面了。第二天起床时，匆忙中没有看见平安扣儿，就把平安扣儿落下了。但我不敢肯定，也没有任何证据可以证明，平安扣儿就是落在了酒店房间的枕头下面。有心给酒店前台的值班人员发一条短信，让值班人员问一下打扫房间的服务员，捡到一枚平安扣儿没有？可我没有值班人员的电话，连酒店的名字都没有记住，到哪里去问呢！紧接着，我先到广州参加了一个国际读书活动，后又到泉州参加了"茅台杯"《小说选刊》奖颁奖典礼，就暂且把平安扣的事儿放下了。

有些事情可以放下，有些事情是放不下的，正所谓可以从眉头放下，从心头却放不下。夜晚在家里一躺到床上休息，我就会想起平安扣儿。因为我睡觉时，有时愿意把平安扣儿攥在右手的手心里。人一旦入睡，失去了自主意识，就不再能控制自己的身体。我以为自己睡熟后，攥平安扣儿的手会自动松开，任手中的玉自行掉在被窝儿里。让人感到不可思议的是，我把玉攥在手里，睡一觉醒来，再睡一觉醒来，玉都在我手里攥着。玉自身并不带暖度，但在我手心里焐得热乎乎的，似乎比我的手心都热。我想，当我们手里没有什么东西可攥的时候，我们的手自然是松开的。而当我们手里有心爱的东西可攥的时候，连在下意识的情况下，我们的手都会对爱之物保持着爱不释手的状态。我的玉丢失了，睡觉时手里没什么可攥，手就成了空手。手里一空，心里也跟着空。

思玉心切，我开始怀疑自己的记忆力。我怀疑自己去郑州时没戴平安扣儿，而是把平安扣儿忘在了家里。有了这样的怀疑，我开始在我的床上彻底翻找。我拿开枕头，掀开被子，揭去床单，卷起褥子，连席梦思床垫都掀了起来，把我的床翻了个底朝天。我这样做，说来有些可笑，我模仿的是我的一篇短篇小说里面人物的作为。那篇小说的题目叫《羊脂玉》，是写一位女士在和情人幽会时，把自己所佩戴的平安扣儿落在了别人家的床缝儿里。而那枚平安扣儿是女士的母亲传给女士的，如果平安扣儿丢失，对母亲实在不好交代。若干年后，等女士的情人千方百计终于帮女士找到那枚平安扣儿时，女士却泣不成声，因为女士的母亲已经去世了。作为一篇小说，里面的人物和故事情节当然是虚构的。我作为虚构之物的作者，竟然模仿小说中的人物动作寻找自己的平安扣儿，这不是可笑是什么！这不仅仅是可笑，简直是有些迷乱和癫狂。

我敢肯定的是，那枚羊脂玉质的平安扣儿还在这个世界上存在着，它既没有飞上天空，也没有埋入地下，更没有化掉，一切圆润如初，一切美丽动人。只是我看不见它而已，它不在我手心里而已。平安扣儿啊，我的平安扣儿，你一切都平安吧，你到底在哪里呢？

对平安扣儿昼思夜想想多了，我思绪不断，有时会想到人和物质的关系。人活在世上，一辈子不知会消耗掉多少物质。如果把一个人一生所消耗的物质重量换算成人体的重量，恐怕相当于数万人体的重量都不止。但世界上有些物质不是用来消耗的，而是用来保存的，用来收藏的，用来审美的，用来陪伴人的。它们本质上所起的作用已不再是物质的作用，而是精神上的作用。比如一些金品、银品、石雕和玉器等，它们所体现的精神、情感和艺术价值，往往会超越物质的价值。然而遗憾的是，很多人一辈子都没有保存一件物品，没有一件东西终生陪伴自己，走后也没有给后人留下任何可供怀念的物质线索。

比如说，我母亲当过县里的劳动模范，获得过一枚精致的铜质奖章。母亲本来是要把奖章作为一种荣誉永久保存的，但不知什么时候就不见了，奖章的丢失成为我们家的不解之谜。比如我大姐出生时，父母曾在银匠炉上为大姐定制了一只带银锁的白银项圈。我在我们家堂屋的后墙上曾看见过那只高高挂起的项圈，项圈银光闪闪，精美无比，大姐很是喜欢。但到了1960年困难时期，为了换一点吃的，父母就把大姐的项圈卖掉了。再比如，平顶山煤矿的朋友曾送我一支派克牌的金笔，那支金笔我使用了将近二十年，用它写出了几百万字的小说和散文。我对那支笔已有了感恩之情，以为它会一直伴随着我，助我写出更多文章。不承想，有一次我到山东的兖州煤矿参加文学活动，竟把那支笔丢失在火车的行李架上。我之所以记得这么清楚，是我上车时把装了金笔和笔记本的挎包放在了头顶的行李架上，我没把挎包口的拉锁拉上，下车时也没检查金笔是否还在，等我到活动现场需要做笔记时，才发现金笔不见了。我虽然想到了那支笔很可能落在了行李架上，可火车不等人，早就跑远了。这让我惋惜不已，甚至有些懊恼，觉得自己对那支笔爱护不够，对不起那支陪伴了我那么多年的派克金笔。

我的平安扣儿难道和我的派克金笔一样，从此再也见不到了吗？真让人心有不甘哪！我有一位作家朋友叫王祥夫，他曾看见过我所佩戴的平安扣儿，他一看有些看不上，说我的玉是一块新玉，他要送给我一块儿古玉。在2021年春节前夕，祥夫果然如诺从大同把一枚古玉环快递给我。他在微信里告诉我，玉环是西周时期的，上面的纹饰是龙纹，还有老裂和沁色，玉质和砣工都是一流，嘱我贴身佩戴。收到玉环，我反复欣赏之后，去商场拴上深色的丝绳，就贴身佩戴上了。

有了古色古香的玉环可以佩戴，是不是就可以代替那枚丢失的平安扣儿呢？是不是从此就可以把那枚平安扣儿忘在脑后呢？不是的，仿佛每个人都不一样，谁都不能代替谁，每块玉也都不一样，古玉也不能代替新玉。虽说平安扣儿和玉环都是圆的，中间都有圆孔，形状有些相似，但它们各有来历，各有特色，同样不能互相代替。相反，天下美玉是一家，有了玉环和平安扣儿的玉玉相连，每看到玉环，以玉环为引子，我都会联想到平安扣儿。有一次做梦，我竟然梦到了平安扣儿。有人指着我的平安扣儿说："什么平安扣儿，不就是一块奶油巧克力嘛！"是吗？我把平安扣儿放在牙上一咬，平安扣儿果然是软的，咬得满嘴巧克力味儿。醒来后，我把玉环抓在手里，心里想的却是平安扣儿。我想到，我想平安扣儿，平安扣儿似乎也在想我，平安扣儿像是在对我说："你怎么不找找我，难道我们这一辈子都没有再见面的机会了吗！"

　　是梦提醒了我，催促了我，好吧，那我就找一下试试。我想起我留有松社书店刘社长的微信号，就给他发了一条微信：刘社长您好，我去年在郑州参加松社书店的活动期间，可能把我的平安扣儿落在酒店的房间里了。此物是我在新疆和田买的，已贴身戴了将近十年。本想算了，不问了，但梦绕魂牵，老是不能忘怀。请您问一下酒店的值班人员，看打扫房间的服务员捡到没有？交到前台没有？要是没有，我就放下了。我到郑州住进酒店的时间是 2020 年11 月 15 日，给刘社长发微信的时间是 2021 年的 4 月 18 日，时间已经过去了五个多月。刘社长收到微信惊得啊了一下，说您怎么才讲，过去这么长时间，现在再找恐怕难度很大了。您可真沉得住气。我说找到找不到都没关系，只管试试吧！是刘社长给我安排的酒店，他记得酒店的名字叫华途艺术酒店。他马上与酒店的值班人员联系，很快就把我的平安扣儿找到了，并拍了照片发给我看，问我：是这个吗？我一看，可把我高兴坏了！我回复：正是它。失而复得，久别重逢，太好了，让人感激涕零啊！刘社长说：玉是通灵的，您念叩玉，玉感应到了，就该回家了。

从照片上看，平安扣儿被装进一只小小的透明塑料袋里，塑料袋里除装有完好的平安扣儿，还有一张粉红色的纸片，上面标注的是捡到平安扣儿的时间和房间号。不难想象，一枚扣子大小的平安扣儿，从捡拾，到登记，再到收存，几个月时间，不知经过了多少人的手。他们都能理解失玉者的心情，都希望平安扣儿能够早一天物归原主。该怎样评价他们的文明水准、无私精神和道德品质呢，恐怕只能拿玉来作比吧！这件事看似是一件微不足道的小事，但放在大的历史背景下思考，它的意义并不小。当晚由于激动，我思考得多一些，以至迟迟不能入睡。

只过了一天，刘社长便以"速递"的形式，把平安扣儿快递给了我。平安扣儿不像我那么激动，它玉容玉面，平平静静，仍和从前一模一样，一句话都不说。平安扣儿是从昆仑山下来的，还在原料时期，它就已经在山里修炼了亿万年，其来历和未来当然非我们这些人世上的匆匆过客可比。

回过头来，我翻看了一下以前的日记，日记里所记录的买平安扣儿的时间是 2011 年 5 月 26 日。买到平安扣儿的当晚，我还写了八句顺口溜发给妻子看。顺口溜的最后四句是：放下一汪水，拈起一片云；不言品自高，立身当如君。这样屈指算来，这枚平安扣儿属于我已超过十年。我衷心祈愿，平安扣儿再也不要离开我，陪伴我走完人生的全过程。

精彩赏析

　　本文题目中的"平安"二字加了引号，读者初见会有些疑惑，好奇这个"平安"是否是大众理解的"一切顺利，安全返回"。通读全文后，读者会恍然大悟，此"平安"具有双重含义：一是指平安扣儿丢失后，奇迹般地被"平安"找回；二是指平安扣儿被赋予的理念是平安，是保佑人的平安，贴合作者一生能平平安安的祈愿。作者还通过平安扣儿和玉环的对比，说明一个道理：人或者物都是独一无二的，人的独特不用详说，物的独特还体现在它包含的特殊意义，所以有时人对某物的执念，不只是在物本身，而是在赋予它的情感上。另外，文中关于酒店完好保存作者的平安扣儿的描写很简洁，但仍能看到作者对拾金不昧、物归原主的品质的高度赞赏，触动读者对这种品质的称赞和学习。

对所谓"短篇王"的说明

心灵寄语

> 我们要坚守自己的本心，对别人加在自己头上的虚名要用平常心对待，只求无愧于本心就够了。太在意那些虚名，会遮挡你的眼睛，会压得你抬不起头来，失去自己的脊梁、智慧和良知。

我在北京或去外地参加一些活动，主办方在介绍我时，往往会把我说成是什么"中国当代短篇小说之王"。每每听到这样的介绍，我从没有得意过，都是顿感如针芒在背，很不自在。有时实在忍不住，我会说一句"不敢当"，或者说一句"我就是写短篇小说多一点而已"。在更多的情况下，我只能是听之藐藐，一笑了之。

有记者采访我，问到我对这个称谓的看法时，我说人家这样说，是鼓励你，抬举你，但自己万万不可当真，一当真就可笑了，就不知道自己是谁了。历来是文无第一，武无第二，写小说，哪里有什么王不王之说。踢球可以有球王，拳击可以有拳王，写小说却不能称王。我甚至说：王与亡同音，谁敢称王，离灭亡就不远了。我自己写的文章里也提到过：所谓"短篇王"，不过是一顶高帽子，而且是一顶用废旧报纸糊成的高帽子，雨一淋，纸就褪色了，风一刮，高帽子就会随风而去。我这样说，是自我摘帽的意思。我知道，中国作家中写短篇小说的高手很多，我一口气就能举出十几个，哪里就轮得上把我抬得那么高呢！我有的短篇小说写得也很一般，没多少精彩可言。读者看了会说，什么"短篇王"，原来不过如此。高帽之下实难符，还是及早把帽子摘下来扔掉好一些。可是，戴帽容易摘帽难，摘有形的帽子容易，摘无形的帽子难，这么多年来，我连揪带拽，一次又一次往下摘，就是摘不掉。相反，时间长了，这顶帽子仿佛成了"名牌"，传得越来越广，出于好心，给我戴这顶帽子的人也越来越多，这可怎么得了！这甚至让我想到，人世间还有别的一些帽子，那些帽子一旦被戴上，恐怕一辈子都摘不掉。有的帽子虽然被摘掉了，帽子前面还有可能被冠以"摘帽"二字，摘与不摘也差不多。

2004 年，孟繁华先生主编了一套"短篇王文丛"，收入了我的短篇小说集《女儿家》。我觉得很好，真的很好。我之所以诚心为这个文丛叫好，不仅是因为文丛中收入了我的短篇集，更主要的是，文丛分为三辑，收录了十八位作家的短篇小说集。这样一来，"短篇王"就不再是我一个，而是有好多个，大家都是"短篇王"，又都不是"短篇王"，"短篇王"不再是一个特指，成了一个泛指，等于把这个称号分散了，消解了。我对繁华兄心存感激，感觉他好像让众多作家朋友为我分担了压力，让我放下了包袱，变得轻松起来。我明白他编这套丛书的真正良苦意图，是为了"在当下时尚的文学消费潮流中，能够挽回文学精致的写作和阅读"。但出于私心，我还是希望从此后别人不再拿"短篇王"跟我说事儿。但实际上没有出现我想要的结果，我不但没有摘掉帽子，得到解脱，把我说成"短篇王"的说法反而比以前还多，在文学方面，"短篇王"几乎成了刘庆邦的代名词。这不好，很不好！有一次在会上，我以开玩笑的口气说：除了写短篇小说，我还写长篇小说、中篇小说，我的长篇小说和中篇小说写得也不差呀！

我拒绝当"短篇王"，也许有的朋友会认为我是假谦虚，是得便宜卖乖，别人想当"短篇王"还当不上呢，你有了"短篇王"的名头，短篇小说至少会卖得好一些，这没什么不好！有一次，连张洁大姐都正色对我说：庆邦，你不必谦虚，不要不好意思，"短篇王"就是"短篇王"，要当得理直气壮！可是不行啊大姐，在这个问题上，我像是患有某种心理障碍一样，听到这样的称谓，我从来不感到愉悦，它带给我的只能是不安。

忽一日，有位为我编创作年谱的朋友问我，关于"短篇王"的说法是谁最先说出来的？这一问倒是提醒了我，是呀，水有源，树有根，这个事情不能一直含糊着，含糊着容易让人生疑，还有可能让人误以为是一种炒作，作为当事人，我还是把它的来历说清楚好一些。

最早肯定我短篇小说创作的是王安忆。她在给我的一本小说集《心疼初恋》的序言里写道："谈刘庆邦应当从短篇小说谈起，因为我认为这是他创作中最好的一种。我甚至很难想到，还有谁能够像他这样，持续地写这样多的好短篇。"我注意到了，王安忆的评价里有一个定语叫"持续地"，是的，四十多年来，我一直在"持续地"写短篇小说，从没有中断，迄今已发表了三百多篇短篇小说。我还从王安忆的评价里看出了排他的意思，但她没有给我命名。

随后，李敬泽在评论我的短篇小说创作时，说到了与王安忆差不多同样的意思，他说："在汪曾祺之后，短篇小说写得好的，如果让我选，我就选刘庆邦。他的短篇小说显然是越写越好。"我以前从没有这样想过，更不敢这样比较，敬泽的话对我的创作无疑是一个很大的鼓舞。但敬泽胸怀全局，出言谨慎，他也没有为我的短篇小说创作命名。

那么，在王安忆和李敬泽评价的基础上，是哪位先生？在什么情况下？把我说成了"中国当代短篇小说之王"呢？我记得清清楚楚，是被称为"京城四大名编"之一的崔道怡老师。2001 年秋天，我的短篇小说《鞋》获得了第二届鲁迅文学奖。9 月 22 日，在鲁迅先生诞辰 120 周年之际，颁奖典礼在鲁迅故乡绍兴举行。当年，我的另一篇短篇小说《小小的船》获得了《中国作家》"精短小说征文"奖。记得同时获奖的还有宗璞、石舒清等作家的短篇小说。从绍兴回到北京的第二天，我就去《中国作家》杂志社参加了颁奖会。崔道怡老师作为征文评奖的一个评委代表，也参加了颁奖会，并对获奖作品一一进行了点评。崔道怡是一位非常认真的文学前辈，我曾多次和他一起参加文学活动，他只要发言，必定事先写成稿子，把稿子念得有板有眼，抑扬顿挫，颇具感染力。人的记忆有一定的选择性，那天崔道怡老师怎样点评我的小说，我没有记住，有一句话，听得我一惊，一下子就记住了。崔道怡老师的原话是："被称为中国当代短篇小说之王的刘庆邦"如何如何。什么什么，我什么时候有这个称谓，我怎么没听说过？这未免太吓人了吧！

不光我自己吃惊，当时在座的中国作家协会书记处书记张锲先生也有些吃惊。后来，张锲先生以"致刘庆邦"的书信形式写了一篇文章，题目是《你建构了一个美的情感世界》，发在 2002 年 2 月 9 日的《文汇报》"笔会"上。文章里说："编辑家崔道怡同志说你是中国当代短篇小说之王，对他的这种评价，连我这个一直在用亲切的目光注视着你的人，也不由得被吓了一跳。"张锲先生给我的信写得长长的，提到我的短篇小说《梅妞放羊》《响器》《夜色》等，也说了很多对我的短篇小说创作肯定的话，这里就不再引述了。

我愿意承认，在《人民文学》当副主编的崔道怡老师为我发了好几个短篇，他对我是提携的，对我的创作情况是了解的。我必须承认，崔道怡老师对我短篇小说创作的评价，对我构成了一种压力，也构成了一种鞭策般的动力。我想，我得争取把短篇小说写得更多一些，更好一些，以对得起崔道怡老师对我的评价，不辜负他对我的期望。不然的话，我也许会把费力费心费神、又挣不到多少稿费的短篇小说创作放下，去编电视剧，或做别的事情去了。"短篇王"的命名像小鞭子一样在后面鞭策着我，让我与短篇小说相爱相守到如今，从没有放弃短篇小说的创作。就拿今年来说，我已经完成了十二篇短篇小说，仅七月份就在《人民文学》《作家》等杂志发表了五篇，其中有两篇分别被《小说选刊》和《小说月报》选载。

"短篇王"的帽子我不愿戴下去，是我担心自己有一天会失去写短篇小说的能力。这个能力是一种综合能力，既需要智力、心力、耐力，也需要体力、精力、爆发力，也许还有别的因素。以前，我对自己写短篇的能力充满自信，相信自己会一直写下去，活到老，写到老。最近读了张新颖先生所著《沈从文的后半生》，我才知道，一个作家写短篇小说的能力可能会失去。沈从文对自己写短篇的能力曾经是那么自信，他不止一次对家人表示，他要向契诃夫学习，在有生之年再写一二十本书，在纪录上超过契诃夫。可是呢，后来他一篇都写不成了。有一篇《老同志》，他改了七稿，前后历时近两年，还向丁玲求助，到底也未能发出。1957 年 8 月，他又写了一个短篇，写时自我感觉不错，"简直下笔如有神"。但他的小说刚到妻子张兆和那里就被否定了，要他暂时不要拿出去。沈从文不得不哀叹，他失去了写短篇的能力。他还在给大哥的信里说："一失去，想找回来，不容易……人难成而易毁……"

当然了，沈从文之所以失去了写短篇的能力，与他当时所处的社会环境有关。环境发生了重大变化，他身心受到巨大冲击，一时无所适从，在失去自我的同时，才失去了写短篇的能力。

我庆幸自己赶上了好时候，在国泰民安的环境里，能够心态平稳地持续写作。我会抱着学习的态度，继续学习写短篇小说。我不怕失败，也不怕别人说我写得多。好比农民种田，矿工挖煤，一个人的勤奋劳动，也许得不到多少回报，但永远不会构成耻辱。

精彩赏析

文章主要讲述了作者被别人称呼为"中国当代短篇小说之王"的感受以及前因后果。从"顿感如针芒在背，很不自在"可以看出作者对这个称谓很不适应，甚至有些惶恐。可见作者对"短篇王"这个称呼感到极具压力。另外，作者还讲述了这个称呼是谁提出来的和当时的具体情况。作者还担心自己和沈从文一样会失去写短篇小说的能力。最后作者表达了对现在安定环境的感激，作者还想继续写作，体现了他对写作勤奋执着的精神。

不写干什么呢

🌸 **心灵寄语**

> 写作是一件有意义的事情。本文作者认为，人有头脑，人生的意义之一在于人要独立思索，而打开思路的前提就是动手写作。写作和思考会让人生更有意义，劳动让心灵永葆美丽。

年过六旬之后，多次听朋友劝我，悠着点儿，别写那么多了，年纪不饶人哪！还有朋友干脆对我说，得了，差不多就得了，别再写了，身体才是最要紧的。

我能够理解朋友们的好意，不管谁劝我，我都会点头称是，并对人家表示感谢。其实，我对这些劝说并不认可，心里有自己固执的想法。可是，我不会当时当面把自己的想法说出来，更不会在这个问题上和朋友发生争执。都这个岁数了，耳顺之年都过了，还有什么话不是好话呢！我得把朋友的话接过来，轻轻拿在手里，不能让朋友的话掉在地上。到了适当的时候，在适当的场合，我采取适当的方式，把自己的想法说出来也不迟。

我觉得笔谈是一个适当的方式，请允许我以此小文，谈谈自己粗浅的想法。

活着的"活"，和干活儿的"活"，是同一个字，这挺有意思。

它意味着活着和干活儿密不可分，几乎是互相依存的关系。或者说干活儿对活着是一个证明，只要你还能干活儿，还在干活儿，就证明你还活着，活得还可以。如果你不能干活儿了，恐怕离生活的终结就不远了。就算你还有一口气，生活的质量也会大大降低。人干活儿是自然的安排，也是生命的规定。好比树活着就要长叶、开花，狼活着就要奔跑、捕猎，人活着呢，就得干活儿，持续不断地干活儿。不光下井挖煤是干活儿，做饭、扫地、擦桌子，都是干活儿。活儿到处都有，就看你眼里有没有活儿。作为一个职业写作者来说，写作就是我所要干的活儿。手上有活儿干着，就有所抓挠，有所依托，心里就充实，就快乐。不干活儿呢，就无所依，无所傍，心里就发慌，好像整个人都失去了方向。真的，对我来说，写作是硬道理。不写就是没道理。或者说，我已经养成了写作的习惯，不写反而不习惯。不写干什么呢？你让我整天站在街边看人家下象棋，打扑克？我可受不了。

人有头脑，人生的意义之一在于人要思索，要独立思索，而且要勇于和善于表达自己的思索。人不是在任何情况下都能进入思索的状态，都能顺利打开思索的软件。你躺在床上，紧锁眉头，做的是思索的样子。很有可能，你的思路还没打开，人就睡着了。这表明，人的脑子有时是很懒的，惰性是很强的，它乐得成天脑子一片空白，才不愿意费那个脑筋呢！我个人的体会是，开动脑筋须有一个前提，这个前提就是动起手来，以动手促进动脑，拉动脑子的运转。好比写作是思索的发动机，只有坐下来开始写作，发动机才能打火，才会隆隆运转起来。打个比方，如果我的思索是一条河的话，稿纸就是我的船，钢笔就是我的桨，只有拿起桨开始划动，船才会前行，才会渡我从此岸到彼岸。人说我思故我在。到我这里，先是我写故我思，然后才是我思故我在。说点儿交底的话吧，我是从劳动中学会了劳动，在写作中学会了写作。一开始我并不会写小说，写一篇小说难着呢！我就是在写作的过程中，一点一点悟，一点一点积累，逐渐才把小说写得像个样子。艺无止境，学无止境。目前我的办法仍然是在写作中学习写作。只要不放弃写作，就有可能取得进步。如果终止了写作呢，恐怕连失败都没有了。

再来说说写作与身体的关系。这两者真是对立的吗？写作真的会对身体造成损耗吗？我的确听说过，有的作家朋友，一写东西就会觉得累，胃口也不好，会"为伊消得人憔悴"。我相信这是个别情况，不是普遍情况。我个人的体会是，写东西我不觉得累，不写东西我才会觉得累，心累。如果几天不写东西，我会觉得虚度了日子，会感到自己对不起自己。手上写着东西，我吃得香，睡得好，一切都很正常，气色也不错。如果不写东西呢，身体能不能保持正常，恐怕很难说。人说生命在于运动，其实写作本身是劳动，是活动，也是运动。只不过，这种运动不是四肢在运动，而是血液在运动。您想啊，写东西时需要不断向大脑供氧，靠什么供氧呢，靠血液。血液不断循环，甚至要加快循环的速度，才能把氧气源源不断地输送给大脑，方可保障我们的写作有足够的能源供应。别看我们写作的时候是坐着不动，我们血管里众多血细胞不知有多活跃呢，它们像是喊着"加油"，一路奔跑，都在锻炼身体。它们在锻炼身体的同时，捎带着把我们的身体也锻炼了。只不过，人们锻炼身体一般练的是外力，而我们的写作练的是内功。从这些意义上说，我们的写作，不仅是心理上、精神上的需要，也是生理上、身体上的需要。写作和身体不但不是对立的关系，还是和谐统一的关系。您看杨绛先生，一百岁都过了，还在写东西，文章越写越精彩。岁月可以使人的肌体变老，劳动可以使心灵永葆美丽。

精彩
—赏析——

　　这篇文章主要讲述了作者对写作的看法。作者被一些人劝过年纪大了，不用经常写作，但是作者热爱写作，喜欢在创作过程中进行思考。作者认为，人生的意义之一在于人要思索，只有思考和写作，才有可能在写作方面取得进步。生命在于运动，其实写作本身是劳动，让人类的大脑更加善于思考，可以提升人类的分析能力和写作水平。作者还分析了写作和身体的关系，作者认为写作和身体不但不是对立的关系，还是和谐统一的关系，坚持写出好的作品可以让人取得进步，文章也会越写越精彩。

———————

发疟子

🌸 **心灵寄语**

> 对于一些疾病，要采用科学有效的方法进行治疗，生了病之后，不要迷信，看病要尽快去医院治疗，才能好得更快。

在我们老家，把患疟疾病说成发疟子。谁今天怎么没出工呢？他在家里发疟子哩！在我小时候的印象里，夏天和秋天，人发疟子是一种普遍现象。好比人人都免不了被无处不在的蚊子叮咬，每人每年也会发上一两次疟子。那时候，我们不知道发疟子是寄生在我们体内的疟原虫在作怪，也不知道发疟子是由蚊子的传染而起，说是鬼附体造成的。那种鬼的名字叫疟子鬼。人对鬼历来无可奈何，一旦被疟子鬼看上，大部分人只能干熬着。熬上七八天或十来天，等把疟子鬼熬烦了，疟子鬼觉得老待在你身上不新鲜了，没啥趣味了，就转移了。疟子鬼一走，你的病就好了。

也有人性急，疟子鬼一上身，就想尽快把疟子鬼甩掉。流行的办法是跑疟子，也就是和疟子鬼赛跑。如果一个人跑得足够快，快到疟子鬼都追不上他的步伐，就有可能把讨厌的疟子鬼甩到屁股后面。跑疟子在时间上有一个条件，不能夜里跑，也不能早上跑，只能在正晌午头跑。在跑疟子过程中，有两条类似规则性的要求，那就是不能回头看，也不能停下奔跑的脚步。你要是回头，疟子鬼以为你在逗它玩，会对你紧追不舍。你要是停下来呢，疟子鬼乐不可支，会继续以你的脊梁板为舞台，大唱胜利者之歌。妇女、老人和孩子，自知身体较弱，不是疟子鬼的对手，从不敢与疟子鬼过招儿。敢于跑疟子的都是一些青壮年男人，他们自恃身强力壮，可以与隐身的疟子鬼较量一番。

我曾多次看见过我们村或外村的青壮男人在野地里跑疟子的情景。往往是，我正端着饭碗在村西护村坑里侧吃午饭，隔坑望去，见一个人在田间的小路上埋头奔跑。秋收已毕，刚刚种上的小麦尚未出芽，大面积的田野一望无际。秋阳当头照着，空旷的黄土地里荧荧波动着半人高的地气。据说日正午是各种鬼魅们活动和活跃的时间，其中包括疟子鬼。我仿佛看见，众多的疟子鬼手舞足蹈，在为那个附在奔跑者身上的疟子鬼助威加油，加油！加油！而在野地里奔跑的只有一个人，没有一个人去鼓励他，为他加油，他的身影显得古怪而孤独。我不知道跑疟子的效果到底如何，只知道整个夏季和秋季，我们那里没有一个人能吃胖，没有一个人脸上有红光，一个两个，不是面黄，就是肌瘦。那都是被肆虐的疟疾病折磨的。

我自己发没发过疟疾呢？未能幸免，当然发过。传说中的疟子鬼好像还比较喜欢我，我在老家期间，几乎每年都要发上一两回疟子。要不是听说屠呦呦因发现了治疗疟疾的青蒿素得了诺贝尔奖，我或许想不起写一写小时候发疟子的事。屠呦呦获奖后，疟疾被人们重新反复提起，还说青蒿素在非洲每年可以挽救超百万人的生命，感叹之余，我想起我和疟疾也是有过关系的。我发疟子发得比较厉害，比较丢丑，曾达到几近疯狂的程度，回忆一下，还是蛮有意思的。

有两次发疟子，给我留下的记忆深刻一些。

　　一次是在夜间发疟子。疟子袭来，先发冷，后发烧。至于发烧烧到多少度，家里人谁都不知道。父亲摸摸我的额头，说烧得烫手。母亲摸摸我的脸，说烧得跟火炭儿一样。发烧那么高怎么办？父亲的办法，是把我盖在被窝里，搂紧我，让我出汗。捂汗。这是我们那里对发烧的人普遍采取的措施，乡亲们认为，出汗就是散热，只要捂出汗来，发烧就会减低，或者散去。可能是因为父亲用棉被把我的头捂得太严了，被窝里一点儿都不透气，我的呼吸变得越来越费劲，差不多要窒息了。迷迷糊糊中，我大概是出于求生的本能，垂死挣扎了一下。我挣扎的办法，是噢地叫了一声，双脚使劲一蹬，光着身子从被窝里蹿了出来。床头前面有一个盛粮食的圆形的囤，囤与床头之间有一个缝隙，我蹿出来后，就掉在缝隙之间的地上。父亲伸出一只手，拉住我的一只胳膊，往床上捞我。我定是发烧烧昏了头，失去了理智，竟张嘴在父亲的胳膊上咬了一口。以前，我只知道狗才会咬人，自己从没有咬人的想法。是发疟子发高烧，把我变成了一条狗。

　　更可笑的是，又有一次发疟子，把我烧成了"孙悟空"。这次疟子上来的时间是秋后的半下午。疟子鬼像是和我有约，一到半下午，它便微笑着如期而至。说实在话，我一点都不想和疟子鬼约会，这样的约会是它单方面发起的，是强加给我的，每次都把我害得很苦。可父母从没有带我去过医院，也不给我买什么药吃，似乎谁都无法拒绝疟子鬼的到来。可怕的是，明明知道疟子鬼下午要来，我只能坐在家门口等它。疟子鬼每次来，必给我带两样礼物，一样是冰，一样是火。我一得到冰，立即全身紧缩，冷得直打哆嗦。我听见我的上下牙齿因哆嗦磕得格格的，就是咬不住。一得到火，我身上就开始发热，起烧。烧到一定程度，我头晕目眩，看树不是树，看屋不是屋。我家灶屋旁边有一棵桐树，桐树本来长在地上，头晕时再看，桐树一升，一升，就升到天空去了。目眩时看灶屋也是，灶屋像是遇到了旋风，旋风一旋，灶屋就随风而去。在家里负责看护我的二姐，见我烧得满脸通红，在堂屋的门槛上坐不住，就让我到大床上躺着。我躺到床上要是能睡一觉，也许会好受些。可我睡不着，闭眼睁眼都不行。闭上眼，我觉得自己的身体在往上浮，越浮越小，小着小着就没有了。为了证明自己的存在，我赶紧睁开眼。不料睁开眼更恐怖，我看到屋墙在摇晃，屋顶在倾斜，似乎随时都会墙倒屋塌，把我砸死在下面。不好，我要逃。我从床上一跃而起，蹬着床头的粮食囤，往用高粱秆做成的箔篱子上攀爬。箔篱子又薄又滑，很难爬得上去。我一抓住箔篱子，箔篱子就哗哗响起来。二姐听见动静进屋，问我干什么，让我下来。我要干什么呢？连我自己都不知道，既没有方向，也没有目的。我或许想爬上箔篱子上方的梁头，在又粗又大的梁头上暂避一时。二姐拉住我的脚，把我从箔篱子上拽了下来。

二姐没能终止我的行动，我夺门而出，向外面跑去。我们院子里住着好几户人家，院门是一个敞开式的豁口。按常规，我应该向豁口跑去。发烧烧得我头脑中没有了常规，我竟跑进了三爷家的菜园子，并翻过菜园子的后墙，向村后跑去。二姐在后面追赶我，大声喊着要我站住，站住！我不会听二姐的，她越让我站住，我越是加快奔跑的速度。迷乱之中，我仿佛觉得自己正和疟子鬼赛跑，而二姐正是传说中的疟子鬼。很快跑到村后的坑边，我记得坑上搭着一根独木，跨过独木桥即可到村外。不知为何，独木桥没有了，眼前只有像堑壕一样深深的水坑。我有些不知天高地厚，想起爷爷讲的孙悟空的故事，我想我不就是孙悟空嘛，孙悟空一个跟头十万八千里，这个小小的水坑算得了什么。于是我纵身一跳，向对岸跳去。跟头翻得不太理想，我垂直落入水中。好在我会凫水，加上秋水一激我清醒了些。等二姐赶到水边，我正水淋淋地往岸上爬。

现在回想起来，我发疟子发得那样严重，没有丢掉小命儿，脑子也没有烧坏，如今还能正常运转，真是万幸！

大约是到了1969年，我看到我们生产队饲养室的后墙上用白石灰刷了大标语："疟疾蚊子传，吃药不要钱；得了疟疾病，快找卫生员；连吃八天药，防止今后犯。"赤脚医生给村里的每个人都发了药。几样药都很苦，我不知道其中有没有青蒿素。反正自从那年吃了药以后，我再也没发过疟子。

精彩 赏析

文章讲述了农村发疟子的事件。作者用青壮男人在野地里跑疟子的例子，说明了当时农村百姓的迷信思想和百姓被疟疾病折磨的情况。作者小时候也经常发疟子，有两次发疟子给作者留下了深刻的印象。这两次发烧的情况都是比较严重的，"在父亲的胳膊上咬了一口""头晕目眩，看树不是树，看屋不是屋"等，都说明了这种病带来的痛苦状况。后来，赤脚医生给村里的每个人都发了药，村民得这种病的情况改善了很多，是医学的进步拯救了世界上很多人的性命，应该要感谢医学界科研人员的努力。

雪天送稿儿

🪷 **心灵寄语**

> 春节是中国人都希望和家人一起度过的节日，可是当普通百姓其乐融融，一起过佳节的时候，有一些行业的工作人员还在辛苦地工作，我们应该感谢他们的付出。

　　我在河南新密煤矿当通讯员时，经常到省会郑州的《河南日报》送稿儿。我那时写的多是新闻报道，有一定的时效性。那样的稿子，若是通过邮递方式往报社寄，等编辑收到就过时了，有可能成为废纸。为避免辛辛苦苦所写的稿子成为废纸，我的办法是直接把稿子送到报社去。好在矿务局离郑州不是很远，也就是几十公里，坐上火车或汽车，一两个钟头就到了。

　　让我最难忘的一次送稿儿，是在1977年的大年初一。当时全国到处喊缺煤，煤炭是紧俏物资。在那种情况下，矿工连过春节都不放假，照样头顶矿灯下井挖煤。工人不放假，矿务局的机关干部当然也不能放假，须分散到局属各矿，跟工人一起过春节。初一一大早，我还在睡觉，听见矿务局一位管政工的副书记在楼下大声喊我，让我跟他一块儿去王庄矿下井。副书记乘坐的吉普车没有熄火，我听见副书记的口气颇有些不耐烦。我不敢稍有怠慢，匆匆穿上衣服，跑着下楼去了。来到矿上，阴沉的天空飘起了雪花。副书记去和矿上的领导接头，慰问，我换上工作服，领了矿灯，到井下的一个掘进窝头和工人们一起干活儿。我明白，我的任务不是单纯干活，从井下出来还要写一篇稿子。为了能使稿子有些内容，我就留心观察工人们干活儿的情况，并和掘进队的带班队长谈了几句。井下无短途，等我黑头黑脸地从井下出来，洗了澡，时间已是半下午。雪还在下，井口的煤堆上已覆盖了一层薄雪，使黑色的矿山变成了白色的矿山。此时，那位副书记和小车司机已先期回家去了，把我一个人丢在了矿上。我也想回家，跟妻子、女儿一块儿过春节，可不能啊，我的主要任务还没有完成。我搭了一辆运煤的卡车，向郑州赶去。雪越下越大，师傅不敢把车开得太快。我住进《河南日报》招待所时，天已完全黑了下来，吃晚饭的时间都过了。招待所的院子里积了半尺多深的雪，新雪上连一个脚印都没有。招待所是一个方形的大院，院子四周都是平房。平日里，入住招待所的全省各地的通讯员挺多的，差不多能把所有的房间住满。可那天的招待所空旷冷清起来，住招待所的只有我一个人。招待所方面，只有食堂里有一位上岁数的老师傅值班。我问老师傅有什么吃的？老师傅说：今天是大年初一呀，你怎么不在家过年哩！我说矿上不放假，我还得写稿子。老师傅见我冻得有些哆嗦，问我想吃什么，他给我做。我说随便吃点什么都行。老师傅说：那我给你煮饺子吧。

吃了两碗热气腾腾的水饺儿，我就趴在招待所的床铺上开始写稿子。望一眼窗外纷纷扬扬的大雪，我记得我写下的第一句话是：大年初一，新密煤矿井上冰天雪地，井下热火朝天。第二天早上，我踏着一踩一个脚窝的积雪，去报社的编辑部送稿子。报社的地方挺大的，有南门还有北门。我从北门进去，向编辑部所在的那栋大楼走去。报社的大院子里不见一个人影，偶尔有个别喜鹊在雪树间飞来飞去，蹬落一些散雪。我来到报社编辑部的值班室，见报社的总编辑在那里值班。我参加过报社在洛阳召开的城市通讯员工作会议，认识总编辑。我对总编说，我写了一篇煤矿工人节日期间坚守生产岗位的稿子，问总编需要不需要？总编的回答让我欣喜，他说当然需要，报纸正等这样的稿子呢！

把稿子交给总编，我就向长途汽车站赶去，准备回家。让我没想到的是，因大雪封山，雪阻路断，开往矿区的长途汽车停运了。汽车停运了，火车总不会停吧，我又向火车站赶去。下午只有一趟开往矿区的列车，我应该能赶上。然而同样的原因，火车也停开了。没办法，我只好返回《河南日报》的招待所住下。在中国人很看重的春节，别人大都和家人一起团聚，过年，我那年却被大雪生生困在了郑州。我在大年初一的早上就去矿上下井，一去就是好几天无消息，我想我妻子一定很着急，很担心。可那时家里没电话，更谈不上用手机，我只能等雪停路通才能回去，才能跟妻子解释未能按时回家的原因。

在报社招待所待着也有好处，能够及时看到报纸。我初二把稿子送到报社，初三就看到《河南日报》把稿子登了出来。稿子不仅发在头版，还是头条位置。

精彩 赏析

文章主要讲述了作者雪天送稿子所发生的事。"总编的回答让我欣喜，他说当然需要，报纸正等这样的稿子呢！"这表现了报社急切需要这种报道煤矿工人节日期间坚守生产岗位的稿子，同时映射出煤矿工人的伟大付出，值得称赞。

作家中的思想家

——怀念史铁生

🌸 **心灵寄语**

　　一个人高贵的心灵、高尚的人品、坚强的意志和永不妥协的精神，是值得尊敬和学习的。

　　史铁生离开我们已经十年了，我时常想念他。每想起史铁生，我的心思都会走得很远很远，远得超过了十年、二十年、三十年，好一会儿回不过神来。

　　在史铁生辞世两周年之际，中国作家协会曾组织召开了一场对史铁生作品的讨论会，铁凝、张海迪、周国平等众多作家、评论家和学者与会，对史铁生的人格修为和创作成就做出了高度评价。讨论会达成了一个令人难忘的共识：在这个不轻言"伟大"的时代，史铁生无愧于一个伟大的生命、伟大的作家。

　　在那次讨论会上，我简短地发了言，谈到史铁生坚强的生命力量，超凡的务虚能力，还谈到做梦梦见史铁生的具体场景和生动细节。随后我把发言整理成一篇千把字的文章，发表在北京的一家报纸上，文章的题目叫《梦见了史铁生》。我一直觉得文章过于短了，不能表达我对史铁生的理解、敬意和思念之情，甚至对不起与史铁生生前的诸多交往。在纪念史铁生先生逝世十周年的日子，请允许我用稍长一点的篇幅，回顾一下结识史铁生的过程，再认识史铁生作品独特的思想内涵，以表达我对史铁生的深切怀念。

读好作品如同交心，读了《我的遥远的清平湾》，我的心仿佛一下子与史铁生的心贴得很近，几乎萌生了同气相求般的念头。我知道，当年我所供职的煤炭工业部离史铁生的家很近，一个在地坛公园的北门外，一个在地坛公园的南门外，我只需从北向南穿过地坛公园，步行十几分钟就可以到达史铁生的家，见到我渴望拜访的史铁生。可是，我不会贸然登门去打扰他。他身体不好，精力有限，需要保持相对自主和宁静的生活。特别是我在有的媒体看到，史铁生因承受不起众多热情读者的造访，不得不在门上贴了"谢客"的告知。在这种情况下，我更得尊重他的意愿。在尊重他人意愿的同时，也是尊重我自己。地转天也转，我坚信总有一天我会遇见史铁生。好比一个读者遇见一本好书，我遇见史铁生也应该是一件自然而然的事。

事情的经过，说来好像是一个故事，为我和史铁生牵线搭桥的竟然是远在上海的王安忆。1986年秋后，我应上海文艺出版社之约写完了一部长篇小说。因小说是一遍完成，没有誊抄，没留底稿，我担心通过邮局邮寄把书稿弄丢就不好了，就把一大摞稿子装进一只帆布提包里，让我妻子提着提包，坐火车把稿子送到上海去。此前，王安忆在《北京文学》上看到了我的短篇小说《走窑汉》，知道了我的名字。她听《上海文学》的编辑姚育明说我妻子到了上海，就让我妻子到她家去住。我妻子以前没见过王安忆，不好意思到王安忆家去住，打算住旅馆。王安忆说："大家都不富裕，能省一分就省一分。"王安忆又说她丈夫出差去了，只有她一个人在家，我妻子住在她家里是可以的，不必有什么不好意思。就这样，我妻子住进了王安忆的家。晚上，我妻子和王安忆一块儿看电视，见王安忆一边看电视，手上还在一边织着毛衣。整件毛衣快织好了，已到了收袖阶段。我妻子也很爱织毛衣，织毛衣的水平也很高。说起织毛衣的事，王安忆告诉我妻子，这件毛衣是为史铁生织的，天气一天比一天冷，毛衣一织好，她马上给史铁生寄去。我妻子一听对王安忆说，毛衣织好后不要寄了，她回北京时捎给史铁生不就得了。王安忆说那也好。

我妻子在一天上午从上海回到北京，当天下午，我和妻子就各骑一辆自行车，给史铁生送毛衣去了。我记得很清楚，那天的北风刮得很大，满城似乎都在扬沙。我们得顶着寒风，眯着眼睛，才能往前骑。我还记得很清楚，王安忆为史铁生织的毛衣是墨绿色的，纯羊毛线的质地，织毛衣的针型不是"平针"，是"元宝针"，看上去有些厚重，仅用手一抚，就给人一种温暖的感觉。

收到毛衣的史铁生显得有些激动，他激动的表现是"举重若轻"，以说笑话的口气，在幽默中流露出真诚感激的心意。他说："王安忆那么大的作家，她给我织毛衣，这怎么得了，我怎么当得起！我看这毛衣我不能穿，应该在毛衣上再绣上'王安忆织'几个字，然后送到博物馆里去。"

我注意看了一下，史铁生身上所穿的一件驼色平针毛衣已经很旧，显得又小又薄又瘦，紧紧箍在他身上，他坐在轮椅上稍一弯腰，后背就露了出来。王安忆此时为史铁生织了一件新的毛衣，可以说是必要的，也是及时的，跟雪中送炭差不多吧。

通过交谈得知，史铁生生于1951年的年头，我和妻子生于1951年的年尾，我们虽然同岁，从生月上算，他比我们大了11个多月。从那以后，我们就叫他铁生兄。

　　我和铁生兄交往频繁的一段时间，是在1993年春天的四五月间。那段时间，王安忆让我帮她在北京借了一小套单元房，一个人在单元房里写东西。在开始阶段，王安忆的写作几乎是封闭性的，她不想让别人知道她在北京写作，也不和别的文友联系。她主动看望的作家只有一位，那就是史铁生。此时，史铁生的家已从雍和宫那里搬到了城东的水碓子。王安忆写作的地方离史铁生的家比较远，再加上她对北京的道路又不熟悉，所以她每次去史铁生家，都是让我陪她一块儿去。每次见到史铁生，王安忆都是求知欲很强的样子，都是"终于又见到了铁生"的样子，总是有许多问题要向史铁生发问，总是有许多话要与史铁生交谈。常常是，我们进屋后还未来得及寒暄，他们之间的交谈就进入了正题。在我的印象里，王安忆在别人面前话是很少的，有那么一点儿冷，还有那么一点儿傲。只有在史铁生面前，她才显得那么谦虚、热情、话多，简直就是拜贤若渴。他们的交谈，涉及的内容十分广泛，有中国的、世界的；历史的、现实的；哲学的、艺术的；抽象的、具体的等，可谓思绪飞扬，海阔天空。比如王安忆刚出版了新的长篇小说《纪实与虚构》，她要听听史铁生的批评意见。比如他们探讨艺术的起源，是贵族创造了艺术，还是民间创造了艺术？富人和穷人谁更需要欣赏艺术？由于王安忆的问题太多，有时会把史铁生问得卡了壳。史铁生以手扶额，说："这个这个，您让我想想。"仍想不起该怎么回答时，他会点一根烟，借助烟的刺激性力量调动他的思维。由于身体的限制，史铁生不能把一根烟抽完，只能把一根烟抽到三分之一，或顶多抽到一半，就把烟掐灭了。抽了几口烟之后他才说："我想起来了，应该这么说……"

　　王安忆如此热衷于和史铁生交谈，可她对史铁生的看法并不是一味认同，而是有的认同，有的不认同。对于不认同的看法，她会严肃认真地摇头，说她觉得不是，遂说出自己不认同的理由。王安忆这样做，像是准备好了要去找史铁生"抬杠"似的，并在棋逢对手的"抬杠"中激发思想的火光，享受在心灵深处游走的乐趣。

由于思想水平不在一个层面上，对于他们两个的争论，我只能当一个旁听者，一点儿都插不上嘴，跟一个傻瓜差不多。不过，听两个智者的争论，对我也有启迪，它至少让我懂得，世界上存在着很多问题，需要人类用心发现，加以思索。人类的大脑就是用来思索的，如果不思索，身体上方顶着一个脑袋恐怕跟顶着一个葫芦差不多。特别让我记忆深刻的是，有一次铁生兄在观察了我的头型之后对我和妻子说："我看庆邦的脑容量挺大的。"在此之前，我从来未注意过自己的头型，也没有听说过脑容量这样的说法。是铁生兄的提示，使我意识到自己不但有脑子，而且脑子的容量还不小。既然脑容量不小，就不能让它闲置着，空着，应当把它开发利用起来，以不辜负脑子的容量。每个人观察别人都是从自己出发，铁生兄观察了我的头型，促使我反过来观察他的头型。观察的结果让我吃惊，我发现他的头颅格外的大，比一般人的头颅都要大。由于截瘫使他身体的下半部萎缩，变细变小，与他硕大的头颅形成了反差。他的脑袋之所以这样大，我想有先天的原因，也有后天的因素。他失去了肢体行动能力，脑力有所偏劳，就使脑袋越变越大。他的脑袋大，脑容量就大，大得无与伦比。

史铁生的难处在于，他有这样一个超强智慧的大脑，靠这样的大脑思考和写作，供给大脑的能源却常常不给力。我们都知道，让大脑开动和运转的能源，是源源不断的供血和供氧，而铁生后来由于又得了尿毒症，恰恰是血液出了问题。为了清除血液中的毒素，保住生命和脑力劳动的能力，他不得不每星期到医院透析三次，每次都要在病床上躺两三个小时。铁生曾对我讲过，有一次在透析过程中，他亲眼看见他的被抽出的血流，在透明的塑料管子里被一朵血栓堵住，以至于血流停止了流动，滞留的血液很快变了颜色。他赶快喊来护士，护士除掉了血栓，透析才得以继续进行。铁生还曾对我讲过，在病床上透析期间，他的脑子仍然在思索，血液循环到了体外，思索一刻都没离开过他的大脑。但由于大脑的供血和供氧不足，他的思索十分艰难，常常是好不容易得到了一个新的理念，因没有及时抓住，理念像倏忽闪过的火花一样，很快就消散了。铁生后来想了一个办法，透析时手里抓着一部手机，有了新的念头时，他赶紧在手机上记下一些记号，等回家后再在电脑上整理出来。我记下这些细节，是想让读者朋友们知道，史铁生为人类思想文化的贡献，需要付出多么顽强的意志力。我还想让大家知道，我们在享受史铁生留下的思想成果时，应该感知到他的作品所经历的千辛万苦和不寻常，看来字字都是血啊！

　　王安忆在北京写作的消息，还是被有的作家朋友知道了，他们打电话找到我，纷纷要求请王安忆吃饭，和王安忆聚一聚。参加聚会的主要作家有莫言、刘恒、刘震云、王朔等。当然了，每次聚会都少不了铁生。我在一些西方作家的传记中，看到在巴黎、伦敦、莫斯科等首都城市形成的文学沙龙中，对某些作家的成长和提升曾起了重要的作用。我们那段时间的频繁聚会，几乎形成了一个文学沙龙，"沙龙"的活动让我受益良多。我想我是沾了王安忆和史铁生的光，不然的话，那些在京城已经很有名气的作家们不一定会带我玩。就史铁生的身体状况而言，其实他不适合外出参加那样的聚会，看着满桌子山珍海味，看到朋友们大吃大喝，他一点儿都不敢多吃。比如说他很喜欢吃花生米，可他每次只能吃六粒，多吃一粒，钾就会超标。每次去参加聚会，对他来说都是一种负担。可为了朋友间的情谊，他还是坚持坐着轮椅去参加聚会。每次把铁生从家里接到饭店，差不多都是我争着为他推轮椅。我个子较低，轮椅也低，我推比较合适。还有，我视铁生为兄长，我在他身后为他推轮椅，感觉有一种亲近感。

王安忆回上海后，我和妻子还是经常去看史铁生。有两三年的春节前，我和妻子每次去看史铁生，都会给铁生提去一桶十斤装的花生油。铁生和他的妻子陈希米，都不愿意让我们给他们送东西。有一次，铁生笑着说了一个词，让我觉得也很好笑。他说出来的词叫揩油，说我们给他送油，他就成了一个揩油者。我解释说："快过年了，我们单位给每人发了一桶油，我妻子的单位给每个职工发的也是油，这么多油吃不完，你们就算帮我们吃点儿吧。"

在春节前去看望铁生，铁生会送给我们他亲手制作的贺年卡。要是赶上铁生出的有新书，他就会签名送我们一本。有一回，铁生一下子送给我们三本人民文学出版社出版的、厚重的《史铁生作品集》，在每本集子的扉页上都写上了我和妻子的名字。对于史铁生的每一部作品，我都是抱着十分虔诚的态度，就近放在手边，一点儿一点儿慢慢看，细细读。在我自己写作的间隙，需要休息一会儿，就捧起他的书，看上那么一两页。我在书中不仅夹有书签，还有圆珠笔，看到让我会心的地方，我就会暂停阅读，用笔在文字下面画上横线做标记。拿史铁生的《病隙碎笔》来说，我读了将近半年才读完。我们不能像平时消费故事一样读史铁生的书，因为史铁生为我们提供的是与一般的写作者写的完全不一样的书。如果说史铁生的书里也有故事，那不是现实的故事，是务虚的故事；如果说他的作品里也有抒情，那不是形而下的抒情，而是形而上的抒情；如果说他的作品中的人物也有表情，那不仅是感性的表情，更是思想的表情；如果说他的书写也离不开文字，他的文字不再是具象的，而是抽象的。史铁生的创作之所以为一般人所不能想象，之所以达到了别的创作者不能企及的高度和深度，是被逼出来的，命运把他逼到墙角，促使他置之死地而后生。轮椅上的生活，限制了他的外部活动，他只能转向内部，转向内心深处，并拿起思考的武器，进入一种苦思冥想的生活。像我们这些身体健全的人，整天耽于物质生活的丰富和外部生活的活跃，没时间也没能力思考那些玄妙而高深的问题，对世界的认识只能停留在人所共知的水平。史铁生以巨大的心智能量，以穿越般的思想力度，还有对生命责任的担当，从层层灰暗的概念中索取理性之光，照亮人们的前行之路。周国平先生称史铁生是"轮椅上的哲人"。铁凝评价史铁生说：铁生是一个真正有信仰的人，一个真正坚持精神高度的写作者，淳厚、坦然、诚朴、有尊严。他那么多年坐在轮椅上，却比很多能够站立的人看得更高，他那么多年不能走太远的路，却比游走四方的人拥有更辽阔的心。

　　我们都知道，作家的写作，背后离不开哲学的支持，特别是离不开务虚哲学的支持。然而我们不得不承认，我国的务虚哲学是薄弱的、匮乏的，以致我们的写作得不到提升，不能乘风飞翔，只能在现实的泥淖里挣扎。中华民族几千年的文明史，不能说我们没有哲学，哲学还是有的，但我们的哲学多是社会哲学、道德哲学、人生哲学、处世哲学，还有治国哲学、集体哲学、权力哲学、斗争哲学等，多是实用性的功利主义哲学。我们说史铁生的写作上升到了哲学的高度，在于他贡献的是生命哲学，是超越了功利的哲学。我们长期缺乏的就是生命哲学，在 20 世纪末和 21 世纪初，是史铁生先生填补了这项空白。史铁生紧紧扣住"生命本身"这个哲学命题，深入探讨的是肉身与精神、精神与灵魂、生与死、神与梦，还有善与恶、爱与性、遮蔽与敞开、幸福与痛苦等。史铁生认为，不能把人的精神和灵魂混为一谈，这两者是有区别的，灵魂在精神之上。他谈道："人死后灵魂依然存在，是人类高贵的猜想。""灵魂的问题从来就在信仰的领域。""并非看得见摸得着的东西才存在。""作恶者更倾向于灵魂的无。死即是一切的结束，恶行便告轻松。" 史铁生的论述，给我留下印象最深的是关于生命与生俱来的三个困境，那就是孤独、痛苦和恐惧。孤独，是因为人生来只能是自己，无法与他人彻底沟通。痛苦来自无穷的欲望，实现欲望的能力永远赶不上欲望的能力。恐惧是害怕死亡，又不可避免地走向死亡。史铁生指出生命的困境不是悲观的目的，还要赋予生命以理想的、积极的意义。他接着指出：正是因为有了孤独，爱就显得弥足珍贵；如果没有欲望的痛苦，就得不到实现欲望的快乐；生命的短暂，人生的虚无，反而为人类战胜自己、超越困境和证明存在的意义敞开了可能性空间。

西方哲学家关于生命的哲学，一般来说是从概念到概念，从虚到虚。史铁生不是，他的生命哲学是从自己出发，从自己饱经苦难的生命出发，以自己深切的生命体验作为坚实可靠的依据。他的哲学先是完成了一种灵魂的自我拯救，再是指向对所有灵魂的拯救。正如中国社会科学院文学研究所研究员陈福民所言："史铁生以自己的苦难，为我们这些健全人背负了生与死的沉重答案，他用自己的苦难提升了大家对生命的认识，而我们没有任何成本地享受了他所达到的精神高度。从这个意义上说，史铁生堪称当代文化英雄。"

很多人对死有所避讳，甚至有些自欺，不愿谈死。史铁生直面死亡，是作家中谈死最多的一位。他说："人什么都可能躲过，唯死不可逃脱。"他把人之死说成是节日，"死是一个必将到来的节日。"接着他竭力试图证明，人的死是不可能的。生命是一种欲望，人是热情的载体，是人世间轰轰烈烈的消息生生不息的传达者，圆满不可抵达的困惑和与之同来的思与悟，使欲望永无终途。所以一切尘世之名都可以磨灭，而"我"不死。"死，不过是一个辉煌的结束，同时是一个灿烂的开始。"在《我与地坛》结尾处，史铁生把生命比喻成太阳，"但是太阳，他每时每刻都是夕阳也都是旭日。当他熄灭着走下山去收尽苍凉或残照之际，正是他在另一面燃烧着爬上山巅布散烈烈朝晖之时。"

读史铁生的作品读得多了，我从中读出了一种浓厚的宗教般的情怀，并读出了默默地超度人的灵魂的力量。莫言在评价史铁生的题词里说过："在他面前，坏蛋也能变为好人，绝望者会重新燃起希望之火。这就是史铁生的道德力量。"史铁生的文章不是宗教的信条，他也没承认过自己信什么教派，但他的一系列关于生命哲学的文章，的确与宗教信仰有相通之处。反正我读了他的文章之后，至少能够比较达观地看待死亡，对死亡不那么恐惧了。

但是，我们还是希望铁生兄能够活着，活的时间越长越好。只有他还活着，我们才能去看望他，跟他交谈，他才能继续写书给我们看。由于铁生的身体是那样在风雨中飘摇的状况，我们时常为他担着一把心，担心他有一天会离我们而去。2010 年 2 月 4 日，我们在有的媒体上看到史铁生病危的消息，我和妻子都吃了一惊。未及和陈希米取得联系，我们就匆匆赶到史铁生家，看看究竟发生了什么。还好还好，我们来到铁生家一看，见铁生一切都好好的，仍在以惯常慈爱的笑容欢迎我们。那样的消息史铁生也看到了，他笑着

71

说："他们发了史铁生病危的消息，接着还应该发一条消息，史铁生又活过来了！"这次去看望铁生，我在铁生的卧室的墙角看到一台类似升降机的东西，希米说，那的确是一台电动升降机，是搬运铁生用的。铁生需要上床休息，希米就启动升降机把铁生升到床上，铁生需要下床写作呢，希米就用机器把铁生搬到轮椅上。一同前往的朋友冯敏为铁生照了相，还为铁生、希米、我和妻子照了合影。据说那是史铁生生前最后一次照相留影。铁生开玩笑说："这次照的相就算是遗像吧！"希米嗔怪铁生："你瞎说什么！"希米说："我们铁生的名字起得好，铁生且活着呢！"铁生继续说笑话："别人家的主妇是里里外外一把手，我们希米是里里外外一条腿。"铁生这样说，是指希米的一条腿有残疾，需要借助一根拐杖在室内忙来忙去，为铁生服务。

让人痛心的日子还是不可避免地到来了，在 2010 年的 12 月 31 日，在北京最寒冷的日子，史铁生永远离开了我们。是希米把铁生病逝的消息在第一时间告给王安忆，王安忆通过短信转告我们。明天就是新年，铁生怎么不等过了新年再走呢！得到铁生远走的消息，我们两口子都哭了，哽咽得半天说不出话来。我们敬爱的好兄长，他的苦难总算受到头了！

2011 年 1 月 4 日，是史铁生 60 岁的生日。在当日下午，有上千位铁生的读者，从全国各地自发来到北京的 798 时态空间画廊，共同参加铁生的生日聚会，并深切追思史铁生。那天我一下子买了三束鲜花，一束是我和妻子送给铁生的，另两束是替王安忆、姚育明献给铁生的。在追思活动现场的墙壁上，我一眼就看到了那张放大了的铁生和我们最后的合影。我在合影前伫立良久，眼泪再次从眼角涌出。在追思环节，我有幸代表北京作家协会做了一个简短的发言，我说铁生是我们的同事，我们的兄长，也是我们这个团队最具有凝聚性的力量。

铁生高贵的心灵、高尚的人品、坚强的意志和永不妥协的精神，一直是我们学习的榜样。铁生虽然离开了我们，但死而不亡者寿，他的思想和灵魂之光会永远照耀着我们。记得我还特别说到了铁生的夫人陈希米，她是铁生生命的支持者，也是铁生思想的同行者，简直就是铁生的一位天使，为此向陈希米表达深深的敬意！

铁生离开我们已经十年了，我相信，众多铁生的尊崇者已经等了十年，也准备了十年，大家准备在铁生逝世十周年之际，再次集合在史铁生的思想之旗下，发起新一波对史铁生的追思。我不是有意神化铁生，随着时间的推移，史铁生思想与灵魂的神性光辉正日益显现，并愈加璀璨！

精彩赏析

史铁生是当代中国最令人敬佩的作家之一。他的写作与他的生命完全融合在了一起，他用残缺的身体，说出了最为健全而丰满的思想。他体验到的是生命的苦难，表达出的却是存在的明朗和欢乐，他用睿智的言辞，照亮了我们的内心。史铁生的文章和思想给了很多人精神上的鼓励，赢得了广大读者的尊敬和崇拜。作者在史铁生逝世十周年之际，从"作家中的思想家"的角度，回忆了自己与史铁生的相识经过，表达了自己的怀念之情及对史铁生的敬意。通读全文，读者跟随着作者，认识了史铁生，了解到他高贵的心灵、高尚的人品、坚强的意志和永不妥协的精神，找到了学习的榜样。

林斤澜的看法

> 知音是难求的，几乎是命定的。该是你的知音，心灵一定会相遇。不该是你的知音，怎么求都是无用的。

一转眼，林斤澜离开我们已经十年了。

2015 年，我写过一篇文章：《北京作家终身成就奖，评浩然还是林斤澜》。文章里说到，2007 年那届终身成就奖的候选人有两个，浩然和林斤澜，二者只能选其一。史铁生、刘恒、曹文轩和我等十几个评委经过讨论和争论，最后以无记名投票方式，把奖评给了林斤澜。

北京有那么多成就卓著的老作家，能获奖不易。我知道林斤澜对这个奖是在意的，获奖之后我问他："林老，得了终身成就奖您是不是很高兴？"话一出口，我就意识到问得有些笨，让林老不好回答。果然，林老哈哈哈地笑了起来。正笑着，他又突然严肃起来，说："那当然，那当然。"他不说他自己，却说开了评委，说："你看哪个评委不是厉害角色呀！"

林斤澜和汪曾祺被文学评论界并称为文坛双璧，一个是林璧，一个是汪璧。既然是双璧，其价值应当旗鼓相当，交相辉映。而实际情况不是这样。相比之下，汪璧一直在大放光彩，广受青睐。林璧似乎有些暗淡，较少被人提及。或者说汪曾祺生前身后都很热闹，自称为"汪迷"和"汪粉"的读者不计其数。林斤澜生前身后都是寂寞的，反正我从没听说过一个"林迷"和"林粉"。

这怨不得别人，要怨的话只能怨林斤澜自己，谁让他的小说写得那么难懂呢！且不说别人了，林斤澜的一些小说，比如矮凳桥系列小说，连汪曾祺都说："我觉得不大看得明白，也没有读出好来。"因为要参加林斤澜的作品讨论会，汪曾祺只好下决心，推开别的事，集中精力，读林斤澜的小说，一连读了四天。"读到第四天，我好像有点儿明白了，而且也读出好来了。"像汪曾祺这样通今博古、极其灵透的人，读林斤澜的小说都如此费劲，一般的读者只能望而却步。任何文本只有通过阅读才能实现其价值，读者读不懂、不愿读，价值就无法实现。关于"不懂"这个问题一直困扰着林斤澜，他好像也为此有些苦恼。他说："汪曾祺的小说那么多读者，我的小说人家怎么说看不懂呢！"有一次林斤澜参加我的作品讨论会，他在会上也说过类似的话，他说："庆邦的小说有那么多读者喜欢，让人羡慕。我的小说，哎呀，他们老是说看不懂，真没办法！"

林斤澜知道自己的小说难懂，而且知道现在的读者普遍缺乏阅读耐心，他会不会做出妥协，应和一下读者，把小说写得易懂一些呢？不会的，要是那样的话，林斤澜就不是林斤澜了，他我行我素，该怎么写还怎么写。关于"不懂"，林斤澜与市文联某领导有过一段颇有意思的对话，他把这段对话写在《林斤澜小说经典》的序言里了。领导："我看了你几篇东西，不大懂。总要先叫人懂才好吧。"林："我自己也不大懂，怎么好叫人懂。"领导："自己也不懂，写它干什么！"林："自己也懂了，写它干什么！"听听，在这种让人费解的对话里，就可以听出林斤澜的执拗。有朋友悄悄对我说，林斤澜的小说写得难懂是故意为之，他就是在人为设置阅读障碍。

这样的说法让我吃惊不小，又要写，写了又让人摸不着头脑，这是何苦呢！后来看到冰心先生对林斤澜小说的评价，说林斤澜的小说是"努力出棱，有心作杰"，话里似乎也有这个意思，说林斤澜是在有意追求曲高和杰出。

静下心来，结合自己的创作想一想，我想到了，要把小说写得好懂是容易的，要把小说写得难懂就难了。换句话说，把小说写得难懂是一种本事，是一种特殊的才能，不是谁想写得难懂就能做到。如愚之辈，我也想把小说写得不那么好懂一些呢！可是不行，读者一看我的小说就懂了，我想藏点什么都藏不住。在文艺创作方面，恩格斯有一句名言："对于艺术品来说，作者的倾向越隐蔽则越好。"对于这一点，很多作家都做不到，连林斤澜的好朋友汪曾祺都做不到，林斤澜却做到了。他在中国文坛的独树一帜就在这里。

林斤澜老师的女儿在北京郊区密云为林老买了一套房子，我也在密云买了一套房子，我们住在同一个小区。有一段时间，我几乎每天早上陪林老去密云水库边散步，林老跟我说的话就多一些。林老说，他的小说还是有人懂的。他随口跟我说了几个人，我记得有茅盾、孙犁、王蒙、从维熙、刘心武、孙郁等。他说茅盾在当《人民文学》主编时，主张多发他的小说，发了一篇又一篇，就把他发成了一个作家。孙犁先生对他的评论是："我深切感到，斤澜是一位严肃的作家，他是真正有所探索，有所主张，有所向往的。他的门口，没有多少吹鼓手，也没有那么多轿夫吧。他的作品，如果放在大观园，他不是怡红院，更不是梨香院，而是栊翠庵，有点儿冷冷清清的味道，但这里确确实实储藏了不少真正的艺术品。"林老提到的几位作家，对林斤澜的人品和作品都有中肯的评价，这里就不再一一引述了。林老的意思是，对他的作品懂了就好，懂了不一定非要说出来，说出来不见得就好。林老还认为，知音是难求的，几乎是命定的。该是你的知音，心灵一定会相遇。不该是你的知音，怎么求都是无用的。

林斤澜跟我说得最多的是汪曾祺。林斤澜认为汪曾祺的名气过于大了，大过了他的创作实绩。汪曾祺是沈从文的学生，沈从文对汪曾祺是看好的。但汪曾祺的创作远远没有达到沈从文的创作成就和创作水准，无论是数量，还是质量，与沈从文相比都不可同日而语。沈从文除了写有大量的短篇小说、散文和文论，还写有中篇小说《边城》和长篇小说《长河》。而汪曾祺只写有少量的短篇小说和散文，没写过中篇小说，亦自称"不知长篇小说为何物"。沈从文的创作内涵是丰富的、复杂的、深刻的。拿对人性的挖掘来说，沈从文既写了人性的善，还写了人性的恶。而汪曾祺的创作内涵要简单得多，也浅显得多，缺少对人性的多面性进行深入的挖掘。汪曾祺的小说读起来和谐是和谐了，美是美了，但对现实生活缺乏反思、质疑和批判，有"把玩"心态，显得过于闲适。有些年轻作者一味模仿汪曾祺的写法，不见得是什么好事。林斤澜对我说，其实汪曾祺并不喜欢年轻人跟着他的路子走，说如果年纪轻轻就写得这么冲淡、平和，到老了还怎么写！林老这么说，让我想起在1996年底的第五次作家代表大会上，当林老把我介绍给汪老时，汪老上来就对我说："你就按《走窑汉》的路子走，我看挺好。"林斤澜分析了汪曾祺之所以写得少，后来甚至难以为继的原因，是因为汪曾祺受到了散文化小说的局限，说他是得于散文化，也是失于散文化。说他得于散文化，是他写得比较散淡、自由、诗化，达到了一种"苦心经营"的随意境界。说他失于散文化呢，是因为散文写作的资源有限，散文化小说的资源同样有限。小说是想象的产物，其本质是虚构。不能说汪曾祺的散文化小说里没有想象和虚构的成分，但他的小说一般来说都有真实的情节、细节和人物作底子，没有真实的底子作依托，他的小说飞起来就难了，只能就近就地取材，越写越实。林斤澜举了一个例子，说汪曾祺晚年写过一个很短的小说《小芳》，小说所写的安徽保姆的故事，就是以他家的保姆为原型而写。从内容上看，已基本上不是小说，而是散文。小说写出后，不用别人说，汪曾祺的孩子看了就很不满意，说写的什么呀，一点儿灵气都没有，不要拿出去发表。孩子这样说是爱护"老头儿"的意思，担心别人看了瞎对号。可汪曾祺听了孩子的话有些生气，他说他就是故意这样写。汪曾祺的名气在那里摆着，他的这篇小说不仅在《中国作家》杂志表了，还得了年度奖呢。

林斤澜最有不同看法的，是汪曾祺对一些《聊斋志异》故事的改写。林斤澜的话说得有些激烈，他说汪曾祺没什么可写了，就炒人家蒲松龄的冷饭。没什么可写的，不写就是了。改写人家的东西，只是变变语言而已，说是"聊斋新义"，又变不出什么新意来，有什么意思呢！这样的重写，换了另外一个人，杂志是不会采用的。因为是汪曾祺重写的，《北京文学》和《上海文学》都发表过。这对刊物的版面和读者的时间都是一种浪费。

另外，林斤澜对汪曾祺的处世哲学和处世态度也不太认同。汪曾祺说自己是"逆来顺受，随遇而安"。林斤澜说自己可能修炼不够，汪曾祺能做到的，他做不到。逆来了，他也知道反抗不过，但他不愿顺受，只能是无奈。随遇他也做不到而安，也只能是无奈。无奈复无奈，他说人生本来就是一场无奈嘛，既无奈生，也无奈死。

林斤澜愿意承认我是他的学生，他对我多有栽培和提携。我也愿意承认他是我的恩师，他多次评论过我的小说，还为我的短篇小说集写过序。但实在说来，我并不是一个好学生，因为我不爱读他的小说。他至少给我签名送过两本他的小说集，我看了三几篇就不再看了。我认为他的小说写得过于雕，过于琢，过于紧，过于硬，理性大于感性，批判大于审美，风骨大于风情，不够放松，不够自由，也不够自然。我不隐瞒我的观点，当着林斤澜的面，我就说过我不喜欢读他的小说，读起来太吃力。我见林斤澜似乎有些沉默，我又说我喜欢读他的文论。林斤澜这才说："可以理解。"

同样是当着林斤澜的面，我说我喜欢读汪曾祺的小说。汪曾祺送给我的小说集，上面写的是"庆邦兄指正"，我读得津津有味，一篇不落。因汪曾祺的小说写得太少，不够读，我就往上追溯，读沈从文的作品。我买了沈从文的文集，一本一本反复研读，从中学到了很多东西。有人问我，最爱读哪些中国作家的作品？我说第一是曹雪芹，第二是沈从文。

精彩赏析

本文是作者对林斤澜的回忆，虽主要谈论了林斤澜与汪曾祺，但字里行间无不表达着作者对林斤澜的思念和敬重。文中，作者在第四段开始谈论林斤澜和汪曾祺的关系，"林斤澜和汪曾祺被文学评论界并称为文坛双璧……而实际情况不是这样。相比之下，汪璧一直在大放光彩，广受青睐。林璧似乎有些暗淡，较少被人提及。"通过这样的对比，激起读者了解林斤澜的好奇心。之后作者从林斤澜对自己作品的评价和汪曾祺对林斤澜作品的看法两个方面，进一步说明林斤澜的小说鲜被大众熟悉的原因——让人读不懂。不过，尽管如此，林斤澜仍坚持自己的写作风格和思想，孤寂而坚强地写作着。对此，作者表达了自己的尊敬和称赞。作者与林斤澜亦师亦友的相处，也让读者更加了解林斤澜——一位有自己创作风格的谦逊温和的作家。

▶预测演练一

1.阅读《犹如荷花》，回答下列问题。（9分）

（1）文章开头为什么说"好小说犹如荷花，是从水底的淤泥中生长出来的"？（2分）

_____

_____

（2）请对第六段中"在我看来，举起的莲蓬特别像一只只酒盅，酒盅里似斟满酒浆，在招邀朋友喝一盅"一句进行简要的品析。（3分）

_____

_____

（3）请总结本文作者想表达的写作意图。（4分）

_____

_____

_____

2.阅读《作家中的思想家——怀念史铁生》，回答下列问题。（11分）

（1）为什么作家们达成了"在这个不轻言'伟大'的时代，史铁生无愧于一个伟大的生命、伟大的作家"的共识？（3分）

_____

_____

_____

（2）请简要分析下面句子的含义。（4分）

①我们敬爱的好兄长，他的苦难总算受到头了！

_____

_____

②他那么多年坐在轮椅上，却比很多能够站立的人看得更高，他那么多年不能走太远的路，却比游走四方的人拥有更辽阔的心。

_____

_____

（3）简要概括本文大意。（4分）

_____

_____

_____

3. 写作训练。（60分）

　　人有三守：守时、守信、守己。三者相辅相成，缺一不可。三者当中，守时最日常、最具体，对每个人来说应该是最起码的要求。

　　阅读《学会守时》，谈谈你对守时的理解。文体不限。不少于600字。

父亲的纪念章

🍀 **心灵寄语**

> "树欲静而风不止，子欲养而亲不待。"父亲的爱总是含蓄、坚强、隐忍的。我们要学会理解和爱父亲，莫要等到失去才后悔莫及。

　　我写过一篇《母亲的奖章》，记述的是母亲当县里劳动模范的事。在纪念中国人民抗日战争胜利 70 周年之际，我该写一写父亲的纪念章了。父亲是一位抗战老兵。在这个世界上，如果他的子女不提起他，恐怕没人会记得我们的父亲了。

　　以前，我从没想过要写父亲。父亲 1960 年去世时，我还不满 9 周岁。父亲生前，我跟他没什么交流，父亲留给我的印象不是很深。因为我们父子年龄差距较大，在我很小的时候，就觉得父亲已经变成了一个老头儿。他不像是我的亲生父亲，像是一个与我相隔的隔辈人。不熟悉父亲，缺少感性材料，只是我没想写父亲的次要原因。更主要的原因是，长期以来，父亲给我的心灵留下的阴影太大，或者说我对父亲的历史误会太深。别的且不说，就说我初中毕业后两次报名参军吧，体检都合格，一到政审就把我刷了下来。究其原因，人家说我父亲在国民党的军队里当过军官。我弟弟跟我的遭遇是一样的，他高中毕业后报名参军，也是政审时被拒之门外。

对于父亲的经历和身份，我们不是很了解。让我们不敢争辩的是，我们在家里的确看到过父亲留下的一些痕迹。比如有一次，惯于攀爬的二姐，爬到我家东间屋的窗榥子上，在窗榥子上方一侧的墙洞子里掏出一个纸包来。打开纸包一看，里面包的是一张大幅的黑白照片。照片上的人穿着板正的军装，光头，目光炯炯，一副很威武的样子。不用说，这个看上去有些陌生的男人就是我们的父亲。看到父亲的照片，像是看到了某种证据，我和大姐、二姐都有些害怕，不知怎样处置这样的照片才好。

母亲也看到了照片，母亲的样子有些生气。像是要销毁某种证据一样，母亲采取了果断措施，一把火把父亲的照片烧掉了。母亲的态度是决绝的，她不仅烧掉了这张照片，随后把父亲的所有照片，连同她随军时照的穿旗袍的照片，统统烧掉了。后来听母亲偶尔讲起，烧毁与父亲相关的东西，不是从她开始的，父亲还活着时自己就动手烧过。父亲刚从军队退休时，每年都可以领取退休金。领取退休金的凭证是一张张卡片。卡片是活页、连张，可折叠、可打开的，折叠起来像一副扑克牌，一打开有一扇门板那么大。后来无处领取退休金的父亲就把那些卡片烧掉了。

那么，父亲的遗物一件都没有了吗？一个人戎马一生，可追寻的难道只是一座坟包吗？幸好，总算有两枚父亲佩戴过的纪念章，被保存了下来。也许因为纪念章是金属制品，不大容易烧毁。也许母亲不知道纪念章往哪里扔，担心被别人捡到又是事儿。也许因为纪念章比较小，隐藏起来比较方便。不管如何，反正两枚纪念章躲过了一劫或多劫，一直存在着。纪念章先是由二姐保存，二姐出嫁后，趁我从煤矿回家探亲，二姐就把两枚纪念章包在一方白底蓝花的小手绢里，交给了我。我把纪念章带到工作单位后，把它们夹在我参加工作后的第一本工作证里，仍用原来的手绢包好，放在了箱底一角。之后我走到哪里，就把纪念章带到哪里。1978 年开春，我从河南的一座煤矿调到了北京，就把纪念章带到了北京。

我没有忘记纪念章的存在，但我极少拿出来看。父亲的历史不仅影响了我参军，后来还影响了我入党，我对父亲的纪念章有一些忌讳。我隐约记得纪念章上有文字，却不敢辨认是什么样的文字。我的做法有一点像掩耳盗铃，好像只要我自己不去辨认，纪念章上的文字就不存在。

进入 2015 年以来，随着中国人民纪念抗日战争胜利 70 周年的声浪越来越高，随着报刊上发表的回忆抗战的文章越来越多，随着一些网站发起的寻找抗战老兵活动的开展，5 月 17 日那天下午，望着办公室窗外的阵阵雷雨，我心里一阵激动，突然觉得到时候了，该把父亲的纪念章拿出来看看了。

我终于把父亲的纪念章看清楚了，一枚纪念章正中的图案是青天白日旗，纪念章上方的文字是"军政部直属第三军官大队"，下方的文字是"同学纪念章"。另一枚纪念章的图案是一朵金蕊白梅，上方的文字是"中央训练团"，下方的文字是"亲爱精诚"。纪念章像是被砖头或棒槌一类的硬物重重砸过，纪念章背面的铜丝别针，一个扁贴在纪念章上，一个已经没有了。可纪念章仍不失精致，仍熠熠生辉，像是无声地对我诉说着什么。

亏得有这两枚纪念章的存在，我才能够以纪念章上的文字为线索，追寻到了父亲戎马生涯的一些足迹。父亲刚当兵时还是一个未成年人，在冯玉祥的部队当号兵。冯玉祥的部队被整编后，父亲一直留在冯玉祥当年的得力干将之一孙连仲的部队。孙连仲是著名的抗日将领，率领部队在华北、中原一带的抗日战场上转战，参加了良乡窦店、娘子关、阳泉、信阳、南阳等抗日战役。尤其在台儿庄大战中。孙连仲 2 万余人的部队在伤亡 14000 多人的情况下，仍顽强坚守阵地，为最后的大捷赢得了时机。孙连仲也因此名载中华民族抗日史册。

可以肯定地说，我父亲作为孙连仲部下的一名军官，听从的是孙连仲的指挥，孙连仲的部队打到哪里，我父亲也会打到哪里。曾听随军的母亲讲过抗战的惨烈。母亲说她亲眼看见，一场战役过后，人死得遍野都是，像割倒的谷捆子一样。热天腐败的尸体很快滋生了密密麻麻的绿头大苍蝇。有一次，母亲和随军转移的太太们乘敞篷卡车从战场经过时，绿头大苍蝇蜂拥着向她们扑去。为了驱赶疯狂的苍蝇，部队给每位太太发了一把青艾。她们的丈夫在和日本鬼子作战，她们在和苍蝇作战。到达目的地时，她们把青艾上的叶子都打光了。经过那么多的枪林弹雨，父亲受伤是难免的。听二姐说，父亲的脚受过伤，大腿根也被炮弹皮划破过。父亲没有死在战场上，算是万幸。

抗战胜利后的1946年正月，母亲在部队驻地新乡生下了我大姐。有了大姐不久，母亲就带着大姐回到了我们老家。此时，担任了河北省政府主席的孙连仲，把他的部队从新乡调往北平。父亲本可以在北平继续带兵，但由于祖母对我母亲不好，母亲让人给父亲写信，强烈要求父亲退伍回家。为了妻子和孩子，父亲只好申请退伍。

父亲叫刘本祥，在部队时叫刘炳祥。父亲生于1909年，如果活到现在应是106岁。要是父亲还活着就好了，我会让他好好跟我讲讲他的抗战经历，他的儿子手中有一支笔，说不定可以帮他写一本回忆录。然而，父亲已经去世55年，他已经走得很远很远了……

精彩
—赏析——

　　父亲去世的时候，作者还不满9周岁，对父亲的印象不是很深。但是作者是怎样描写父亲的呢？通读全文可知，作者从"父亲给我的心灵留下的阴影太大，或者说我对父亲的历史误会太深"这个角度，讲述了自己对父亲的"认识"——父亲是一位国民党军官，因为这个身份，影响了作者和弟弟参军，因此作者对父亲的身份有些"忌讳"。第五段是一个转折段落，也照应了文章的主题"父亲的纪念章"，也引出下文作者对父亲纪念章的矛盾感情，既不敢面对，又无比思念父亲。最后作者通过父亲的纪念章追寻到了父亲戎马生涯的一些足迹：虽是国民党的军官，但对抗日战争的贡献是不容忽视的。作者因此和"印象中的父亲"和解，最后表达了作者对父亲深切的思念。

————————

勤劳的母亲

🌸 **心灵寄语**

勤劳不只是生存的需要，不只是一种习惯，的确关乎人的品质和道德。人的美德可以通过勤奋的劳动体现出来。

小时候就听人说，勤劳是一种品德，而且是美好的品德。我听了并没有往心里去，没有把勤劳和美德联系起来。我把勤劳理解成勤快，不睡懒觉，多干活儿。至于美德是什么，我还不大理解。我隐约觉得，美德好像是很高的东西，高得让人看不见，摸不着，一般人的一般行为很难跟美德沾上边。后来在母亲身上，我才把勤劳和美德统一起来了。母亲的身教告诉我，勤劳不只是生存的需要，不只是一种习惯，的确关乎人的品质和人的道德。人的美德可以落实到人的手上、腿上、脑上和日常生活中，可以通过勤奋的劳动体现出来。

我想讲几件小事，来看看母亲有多么勤劳。

拾麦穗儿

那是 1976 年，我和妻子在河南新密煤矿上班，母亲从老家来矿区给我们看孩子。我们的女儿那年还不到一周岁，需要有一个人帮我们看管。母亲头年秋后到矿区，到第二年过春节都没能回家。母亲还有两个孩子在老家，我的妹妹和弟弟。妹妹尚未出嫁，弟弟还在学校读书。过春节时母亲对他们也很牵挂，但为了不耽误我和妻子上班，为了照看她幼小的孙女，母亲还是留了下来。母亲舍不得让孩子哭，我们家又没有小推车，母亲就一天到晚把孩子抱在怀里。在天气好的时候，母亲还抱着孩子下楼，跟别的抱孩子的老太太一起，到几里外的矿区市场去转悠。往往是一天抱下来，母亲的小腿都累肿了，一摁一个坑。见母亲的腿肿成那样，我心里很不是滋味。但我当时只是劝母亲注意休息，别走那么远，为什么不给孩子买一辆小推车呢？事情常常就是这样，多年之后想起，我们才会感到心痛，感到愧悔。可愧悔已经晚了，想补救都没了机会。

除了帮我们看孩子，每天中午母亲还帮我们做饭。趁孩子睡着了，母亲抓紧时间和面，擀面条。这样，我们下班一回到家，就可以往锅里下面条。

矿区内有一些村子，村子的沟沟坡坡都种着麦子。母亲对麦子很关心，时常跟我们说一些麦子生长的消息。麦子甩齐穗儿了，麦子扬花儿了，麦子黄芒了，再过几天就该动镰割麦了。母亲的心思我知道，她想回老家参与收麦。每年收麦，生产队都把气氛造得很足，把事情搞得很隆重，像过节一样。因为麦子生长周期长，头年秋天种上，到第二年夏天才能收割，人们差不多要等一年。期盼的时间越长，割麦时人们越显得兴奋。按母亲的说法，都等了几乎一年了，谁都不想错过麦季子。然而我对收麦的事情不是很热衷。我觉得自己既然当了工人，就是工人的身份，而不是农民的身份。工人阶级既然是领导阶级，就要与农民阶级拉开一点儿距离。所以在母亲没有明确说出回老家收麦的情况下，我也没有顺着母亲的心思，主动提出让母亲回老家收麦。我的理由在那里明摆着，我们的女儿的确离不开奶奶的照看。

收麦开始了，母亲抱着孙女站在我们家的阳台上，就能看见拉着麦秸子的架子车一辆一辆地从楼下的路上走过。在一个星期天，母亲终于明确提出，她要下地拾麦。母亲说，去年在老家，她一个麦季子拾了三十多斤麦子呢！母亲的这个要求我们无法阻止，因为星期天妻子休息，可以在家看孩子。那时还凭粮票买粮食，我们全家的商品粮供应标准一个月还不到八十斤，说实话有点紧巴。母亲要是拾到麦子，多少对家里的口粮也是一点添补。在粮店里，我们所买到的都是不知道放了多少年的陈麦磨出的面。母亲若拾回麦子，肯定是新麦。新麦怎么吃都是香的。

到底让不让母亲去拾麦，我还是有些犹豫。大热天的让母亲去拾麦，我倒不是怕邻居说我不孝。孝顺孝顺，孝和顺是连在一起的。没让母亲回老家收麦，我已经违背了母亲的意志，若再不同意母亲去拾麦，我真的有些不孝了。之所以犹豫，我担心母亲人生地不熟的，没地方去拾麦。我的老家在豫东，那里是一马平川的大平原，麦地随处可见。矿区在豫西，这里是浅山地带，麦子种在山坡或山沟里，零零碎碎，连不成片。我把我的担心跟母亲说了。母亲让我放心，说看见哪里有收过麦的麦地，她就到哪里去拾。我让母亲一定戴上草帽，太阳毒，别晒着。母亲同意了。我劝母亲带上一壶水，渴了就喝一口。母亲说不会渴，喝不着水。我还跟母亲说了一句笑话："您别走那么远，别迷了路，回不来。"母亲笑了，说我把她当成小孩子了。

母亲中午不打算回家吃饭，她提上那只准备盛麦穗儿用的黄帆布提包，用手巾包了一个馒头，就出发了。虽然我没有随母亲去，有些情景是可以想象的。比如母亲一走进收割过的麦地，就会全神贯注，低头寻觅。每发现一颗麦穗儿，母亲都会很欣喜。母亲的眼睛已经花了，有些秕麦穗儿她会看不清，拾到麦穗儿她要捏一捏，麦穗儿发硬，她就放进提包里，若发软，她就不要了。提包容积有限，带芒的麦穗儿又比较占地方，当提包快盛满了，母亲会把麦穗儿搓一搓，把麦糠扬弃，只把麦子儿留下，再接着拾。母亲一干活就忘了饿，不到半下午，她不会想起吃馒头。还有一些情况是不敢想象的。我不知道当地农民许不许别人到他们的地里拾麦子？他们看见一个外地老太太拾他们没收干净的麦子，会不会呵斥我的母亲？倘母亲因拾麦而受委屈，岂不是我这个当儿子的罪过！

傍晚，母亲才回来了。母亲的脸都热红了，鞋上和裤腿的下半段落着一层黄土。母亲说，这里的麦子长得不好，穗子都太小，她走了好远，才拾了这么一点。母亲估计，她一整天拾的麦子，去掉麦糠，不过五六斤的样子。我接过母亲手中的提包，说不少不少，很不少。让母亲洗洗脸，快歇歇吧。母亲好像没受到什么委屈。第二天，母亲还要去拾麦，她说走得更远一点试试。妻子只好把女儿托给同在矿区居住的我的岳母暂管。

母亲一共拾了三天麦穗儿。她把拾到的麦穗儿在狭小的阳台上用擀面杖又捶又打，用洗脸盆又簸又扬，收拾干净后，大约收获了二三十斤麦子。母亲似乎感到欣慰，当年的麦季她总算没有白过。

妻子和母亲一起，到附近农村借用人家的石头碓窑，把麦子外面的一层皮舂去了，只留下麦仁儿。烧稀饭时把麦仁儿下进锅里，嚼起来筋筋道道，满口清香，真的很好吃。妻子把新麦仁儿分给岳母一些，岳母也说新麦好吃。

没回生产队参加收麦，母亲付出了代价，当年队里没分给母亲小麦。母亲没挣到工分，用工分参与分配的那一部分小麦当然没有母亲的份儿，可按人头分配的那一半人头粮，队里也给母亲取消了。母亲因此很生气，去找队长论理。队长是我的堂叔，他说，他以为母亲不回来了呢！母亲说，她还是村里的人，怎么能不回来！

后来我回家探亲，堂叔去跟我说话，当着我的面，母亲又质问堂叔，为啥不分给她小麦。堂叔支支吾吾，说不出像样的理由，显得很尴尬。我赶紧把话题岔开了，没让母亲回队里收麦，责任在我。

捡布片儿

在 20 世纪 80 年代的中后期，我们家搬到北京朝阳区的静安里居住。这是我们举家迁至北京的第三个住所。第一个住所在灵通观一座六层楼的顶层，我们家和另一家合住。我们家住的是九平方米的小屋。第二个住所，我们家从六楼搬到该楼二楼，仍是与人家合住，只不过住房面积增加至十五平方米。搬到静安里一幢新建居民楼的二楼，我们才总算有了独门独户的二居室和一个小客厅，再也不用与别人家共用一个厨房和厕所了。

住房稍宽敞些，我几乎每年都接母亲到城里住一段时间。一般是秋凉时来京，在北京住一冬天，第二年麦收前回老家。母亲有头疼病，天越冷疼得越厉害。老家的冬天屋内结冰，太冷。而北京的居室里有暖气供应，母亲的头就不怎么疼了。母亲愿意挨着暖气散热器睡觉。她甚至跟老家的人说，是北京的暖气把她的头疼病暖好了。

母亲到哪里都不闲着，仿佛她生来就是干活的，不找点活儿干，她浑身都不自在。这时我们的儿子已开始上小学，我和妻子中午都不能回家，母亲的主要任务是中午为儿子和她自己做一顿饭。为了帮我们筹备晚上的饭菜，母亲每天还要到附近的农贸市场买菜。她在市场上转来转去，货比三家，哪家的菜最便宜，她就买哪家的。妻子的想法是，母亲只把菜买回来就行了，等她下班回家，菜由她下锅炒。有些话妻子不好明说，母亲的眼睛花得厉害，又舍不得多用自来水，洗菜洗得比较简单，有时菜叶上还有黄泥，母亲就把菜放到锅里去了。因话没有说明，妻子不让母亲炒菜，母亲理解成儿媳妇怕她累着。母亲认为，他的儿子和儿媳妇在班上累了一天，回家不应再干活，应该吃点现成饭才好。母亲炒菜的积极性越发的高。往往是我们刚进家门，母亲已把几个菜炒好，并盛在盘子里，用碗扣着，摆在了餐桌上。母亲炒的大都是青菜，如绿豆芽儿、芹菜之类。因样数儿比较多，显得很丰富。母亲总是很高兴的样子，让我们赶紧趁热吃。好在我妻子从来不扫母亲的兴，吃到母亲炒的每一样菜，她都说好吃，好吃。

倒是我表现得不够好。我嫌菜太素，没有肉或者肉太少，没什么吃头儿，吃得不是很香。还有，妻子爱吃绿豆芽儿，我不爱吃绿豆芽儿，母亲为了照顾妻子的口味，经常炒绿豆芽儿，把我的口味撇到一边去了。有一次，我见母亲让我吃这吃那，自己却舍不得吃，我说："是您炒的菜，您得带头儿多吃。"话一出口，我就有些后悔，可已经晚了。定是我的话里带出了不满的情绪，母亲的情绪一下子低落下来。我不应该有那样的情绪，这件事够我忏悔一辈子的。

买菜做饭的活儿不够母亲干，母亲的目光被我们楼门口前面的一个垃圾场吸引住了。我们住的地方是新建成的住宅小区，配套设施暂时还跟不上，整个小区没有封闭式垃圾站，也没有垃圾桶，垃圾都倒在一个露天垃圾场上，摊成很大的一片。市环卫局的大卡车每两三天才把垃圾清理一次。垃圾多是生活垃圾，也有生产垃圾。不远处有一家规模很大的衬衫厂，厂里的垃圾也往垃圾场上倒，生产垃圾也不少。垃圾场引来不少捡垃圾的人，有男的，有女的；有本地人，也有外地人。他们手持小铁钩子，轮番在垃圾场扒来扒去，捡来捡去。母亲对那些生产垃圾比较感兴趣。她先是站在场外看人家捡。后来一个老太太跟她搭话，她就下场帮老太太捡。她捡的纸纸片片、瓶瓶罐罐，都给了老太太。再后来，母亲或许是接受了老太太的建议，或许是自己动了心，她也开始捡一些自己认为有用的东西拿回家来。母亲从生产垃圾堆里只捡三样东西：纱线、扣子和布片儿。她把乱麻般的纱线理出头绪，再缠成团。她捡到的扣子都是那种缀在衬衣上的小白扣儿，有塑料制成的，也有贝壳做成的。扣子都很完好，一点破损都没有。母亲把捡到的扣子盛到一只塑料袋里，不几天就捡了小半袋，有上百枚。母亲跟我说，把这些线和扣子拿回老家去，不管送给谁，谁都会很高兴。

母亲捡得最多的是那些碎布片儿。布片儿是衬衫厂裁下来的下脚料，面积都不大，大的像杨树叶，小的像枫树叶。布片儿捡回家，母亲把每一块布片儿都剪成面积相等的三角形，而后戴上老花镜，用针线把布片儿细细地缝在一起。四块三角形的布片就可以对成一个正方形。再把许许多多正方形拼接在一起，就可以拼出一条大面积的床单或被单。在我们老家，这种把碎布拼接在一起的做法叫对花布。谁家的孩子娇，需要穿百家衣，孩子的母亲就走遍全村，从每家每户要来一片布，对成花布，做成百家衣。那时各家都缺布，有的人家连块给衣服的破洞打补丁的布都没有，要找够能做一件百家衣的布片儿难着呢。即使把布片儿讨够了，花色也很单一，多是黑的和白的。让母亲高兴的是，在城里被人说成垃圾的东西里，她轻易就能捡出好多花花绿绿的新布片儿。

母亲对花布对得很认真，也很用心，像是把对花布当成工艺美术作品来做。比如在花色的搭配上，一块红的，必配一块绿的；一块深色的，必配一块浅色的；一块方格的，必配一块团花的；一块素雅的，必配一块热闹的，等等。一条被单才对了一半，母亲就把花布展示给我和妻子看。花布上百花齐放，真的很漂亮。谁能说这样的花布不是一幅图画呢！这就是我的心灵手巧的母亲，是她把垃圾变成了花儿，把废品变成了布。

　　然而当母亲对妻子说，被单一对好她就把被单给我妻子时，我妻子说，她不要，家里放的还有新被单。妻子让母亲把被单拿回老家自己用，或者送给别人。妻子私下里对我说，布片儿对成的被单不卫生。垃圾堆里什么垃圾都有，布片儿既然扔到垃圾堆里，上面不知沾染了多少细菌呢。妻子让我找个机会跟母亲说一声，以后别去垃圾堆里捡布片儿了。妻子的意思我明白，她不想让母亲捡布片儿，不只是从卫生角度考虑问题，还牵涉到我们夫妻的面子问题。这个问题我也考虑过。那些捡垃圾的多是衣食无着的人，而我的母亲吃不愁，穿不愁，没必要再去垃圾堆捡东西。我和妻子毕竟是国家的正式职工，工作还算可以，让别人每天在垃圾场上看见母亲的身影，对我们的面子不是很有利。于是我找了个机会，委婉地劝母亲别去捡布片儿了。我说出的理由是，布片儿不干净，接触多了对身体不好，人有一个好身体是最重要的。母亲像是很快明白了我的意思，答应不去捡布片儿了。

　　我以为母亲真的不去捡布片儿了，也放弃了用布片儿对被单。十几年之后，母亲在老家养病，我回去陪伴母亲。有一次母亲让我猜，她在北京那段时间一共对了多少条被单。我猜了一条？两条？母亲只是笑。我承认我猜不出，母亲才告诉我，她一共对了五条被单。被单的面积是很大的，把一条被单在双人床上铺开，要比双人床长出好多，宽出近一倍。用零碎的小三角形布片儿对出五条被单来，要费多少工夫，付出多么大的耐心和辛劳啊！不难明白，自从我说了不让母亲去捡布片儿，母亲再捡布片儿，对床单，就避免让我们看见。等我和妻子上班去了，儿子上学去了，母亲才投入对被单的工作。估计我们该下班了，母亲就把布片儿和被单收起来，放好，做得不露一点儿痕迹。临回老家时，母亲提前就把被单压在提包下面了。

母亲把她对的被单送给我大姐、二姐和妹妹各一条。母亲去世后，他们姐妹把被单视为对母亲的一种纪念物，十分珍惜。可惜，我没有那样一条母亲亲手制作的纪念品（写到这里，我泪流不止，哽咽不止）。

搂树叶儿

只要在家，母亲每年秋天都要去村外路边的塘畔搂树叶儿。如同农人每年都要收获粮食，母亲还要不失时机地收获树叶儿。我们那里不是扫树叶儿，是搂树叶儿。搂树叶儿的基本工具有两件，一件是竹笆子；另一件是大号的荆条筐。用带排钩儿的竹笆子把树叶儿聚拢到一起，装到荆条筐里就行了。

不是谁想搂树叶儿就能搂到的，这里有个时机问题。如果时机掌握得好，可以搂到大量的树叶儿。错过了时机呢，就搂不到树叶儿，或者只能搂到很少的树叶儿。树叶儿在树上长了一春，一夏，又一秋，仿佛对枝头很留恋似的，不肯轻易落下。你明明看见树叶发黄了，发红了，风一吹它们乱招手，露出"再见"的意思，却迟迟没有离去。直到某天夜里，寒霜降临，大风骤起，树叶儿才纷纷落下。树叶儿不落是不落，一落就像听到了统一的号令，采取了统一的行动，短时间铺满一地。这是第一个时机。第二个时机是，你必须在树叶儿集中落地的当天清晨早点起来，赶在别人前面去树下搂树叶儿，两个时机都抓住了，你才会满载而归。在我们村，母亲是一贯坚持每年搂树叶儿的人之一，也是极少数能把两个时机都牢牢抓住的搂树叶儿者之一。

母亲对气候很敏感，加上母亲睡觉轻，夜间稍有点风吹草动就醒了。一听见树叶儿哗哗落地，母亲就不睡了，马上起床去搂树叶儿。院子里落的树叶儿母亲不急着搂，自家的院落自家的树，树叶儿落下来自然归我们家所有。母亲先去搂的是公共地界上落的树叶儿。往往是村里好多人还在睡觉，母亲已大筐大筐地把树叶儿往家里运。母亲搂回的什么树叶儿都有，有大片的桐树叶儿；中片的杨树叶儿和柿树叶儿；还有小片的柳树叶儿和椿树叶儿。树叶儿有金黄的，也有玫瑰红的。母亲把树叶儿摊在院子里晾晒，乍一看还让人以为是满院子五彩杂陈的花瓣儿呢！

母亲搂树叶儿当然是为了烧锅用。在人民公社和生产队那会儿，社员都买不起煤。队里的麦草和玉米秸秆不是铡碎喂牲口了，就是沤粪用了，极少分给社员。可以说家家都缺烧的。烧的和吃的同样重要，按母亲的话说，有了这把柴火，锅就烧滚了，缺了这把柴火呢，饭就做不熟。为了弄到烧的，人们不仅把地表上的草毛缨子都收拾干净，还挖地三尺，把河坡里的茅草根都扒出来了。女儿一岁多时，我把女儿抱回老家，托给母亲照管。母亲一边看着我女儿，仍不耽误她一边搂树叶儿。母亲不光自己搂树叶儿，还用一根大针纫了一根线，教我女儿拾树叶儿。女儿拾到一片树叶儿，就穿在线上，一会儿就穿了一大串。我女儿回到矿区后，一见地上的落叶儿就惊喜得不得了，一再说："咋恁多树叶子呀！"挣着身子，非要去捡树叶儿给奶奶烧锅。

上了年纪，母亲的腿脚不那么灵便了，可她每年秋天搂树叶儿的习惯还保持着。按说这时候母亲不必搂树叶儿了。分田到户后，粮食打得多，庄稼秆儿也收得多，各家的柴草大垛小垛，再也不用为缺烧的发愁。有的人家甚至把多余的玉米秆在地里点燃了。我托人从矿上给母亲拉了煤，并让人把煤做成一个个蜂窝形状的型煤，母亲连柴火都不用烧了。可母亲为什么还要到村外去搂树叶儿呢？

　　树叶儿落时正是寒风起时，母亲等于顶着阵阵寒风去搂树叶儿。有时母亲刚把树叶儿搂到一起，一阵大风刮来，又把树叶儿刮散了，母亲还得重新搂。母亲低头把搂到一堆的树叶往筐里抱时，风却把母亲的头巾刮飞了，母亲花白的头发飞扬着，还得赶紧去追头巾。母亲搂着树下的树叶儿，树上的树叶还在不断落着。熟透了的树叶儿像是很厚重，落在地上啪啪作响。母亲搂完了一层树叶儿，并不马上离开，而是等着搂第二层、第三层树叶儿。在沟塘边，一些树叶儿落在水里，一些树叶儿落在斜坡上。落进水里的树叶儿母亲就不要了，落在斜坡上的树叶儿，母亲还要小心地沿着斜坡下去，把树叶儿搂上来。刘姓是我们村的大姓，我在村里有众多的堂弟。不少堂弟都劝我母亲不要搂树叶儿了。他们叫我母亲大娘，说大娘要是没烧的，就到他们的柴草垛上去抱。这么大年纪了，还起早贪黑地搂树叶子，何必呢！有的堂弟还提到了我，说："大娘，俺大哥在北京工作，让我们在家里多照顾您。您这么大年纪了还自己搂树叶子烧，大哥要是知道了，叫我们的脸往哪儿搁呢！"

　　这话说得有些重了，母亲不作出解释不行了，母亲说，搂树叶儿累不着她，她权当出来走走，活动活动身体。

　　我回家看望母亲，一些堂弟和叔叔婶子出于好心好意，纷纷向我反映母亲还在搂树叶儿的事。他们的反映带有一点儿告状的性质，仿佛我母亲做下了什么错事。这就是说，不让母亲搂树叶儿，在我们村已形成了一种舆论，母亲搂树叶儿不仅要付出辛劳，还要顶着舆论的压力。母亲似乎有些顶不住了，有一天母亲对我说："他们都不想让我搂树叶儿了，这咋办呢？"

　　我知道，母亲在听我一句话，我要是也不让母亲搂树叶儿，母亲也许再也不去搂了。我选择了支持母亲，说："娘，只要您高兴，想搂树叶儿只管搂，别管别人说什么。"

朋友们，在这件事情上，我没有做错吧？

就算我没有做对，你们也要骗骗我，不要说我不对。在有关母亲的事情上，我已经脆弱得不能再脆弱了。

精彩 赏析

在本文中，作者以自己的感悟"母亲的身教告诉他——勤劳关乎人的品质和道德"开头，既照应了主题，又简明扼要地刻画了一位勤劳、伟大的母亲形象。之后，作者用真诚、坦率、朴实的语言，详尽地讲述了关于母亲的三件小事——拾麦穗儿、捡布片儿、搂树叶儿，进一步将母亲朴实、勤恳、温柔、包容、伟大的形象展现在读者面前。这其实是万千农村母亲形象的再现。文中还通过真实描写隔代人之间的思想和生活方式等矛盾，来进一步刻画母亲勤劳、简朴却明理、顾及子女颜面的伟大品质，同时也表达了作者对母亲深深的敬意、思念和爱。

母亲和树

> 母亲是一棵树。春天用翠绿的枝叶召唤希望，夏天用荫蔽的枝叶抵挡烈日，秋天用枯萎的枝叶带来温暖，冬天用雪白的枝干蕴藏生机。拥抱母亲树，感受它的爱与美。

2004 年清明节，母亲去世一周年之际，我和弟弟为母亲立了一块碑。碑是弟弟在古城开封定制的。开封有着悠久的勒碑传统，石碑勒制得很是讲究，一见就让我们生出一种庄严感，不由地想在碑前肃立。和石碑同时运回老家的，还有六棵树，四棵柏树，两棵松树。墓地里最适合栽种的树木就是四季常青的松柏。松柏是守卫墓碑的，也是衬托墓碑的，有松柏树，墓碑就不再孤立，就互相构成了墓园的景观。

栽树时，我们兄弟姐妹五人都参加了，有的刨坑，有的封土，有的浇水，把栽树当成了一种仪式，都在用心见证那一时刻。我们对树的成活率没有任何怀疑，因为我们那里的土地非常肥沃，如人们所说，哪怕是在地里埋下一根木棒，都有望长出一棵树来。何况弟弟从开封运回的都是生机勃勃的树苗，每棵树的根部都用蒲包裹着一包原土。我们开始憧憬，若干年后，当松柏的树冠如盖时，松是苍松，柏是翠柏，那将是一派多么让人欣慰的景象。我们还设想，等松柏成了气候，人们远远地就把松柏看到了，当是对母亲很好的纪念，绿色的纪念。

在我少年的记忆里，我们村二老太爷家的坟茔就是一个柏树园子。园子里的柏树有几十棵，每一棵都超过了百岁。远看柏树园子黑苍苍的，那非凡的阵势让少小的我们几乎不敢走近。到了春天，飞来不少鹭鸶在柏树上搭窝，孵育小鹭鸶。那洁白的鹭鸶在树顶翻飞，如同一朵朵硕大无朋的白莲在迎风开放，甚是好看！可惜在1958年，那些柏树被一夜之间全部伐倒，并送进小铁炉里烧掉了。从那以后，直到我们在母亲墓碑周围栽松柏之前，四十多年间，村里再也无人栽过松柏树。乡亲们除了栽种一些能收获果品的果树，就是栽一些能很快卖钱的速成树。因松柏树生长周期长，短时间内很难得到经济效益，人们就把松柏树放弃了。我们反其道而行之，把松柏树重新栽回到家乡那块土地上，看重的不是什么经济效益，而是松柏的品质，以及为世人所推崇的精神价值。我们不敢奢望墓园里的松柏能形成柏树园子那么大的规模，也不敢奢望有限的几棵松柏能长成像柏树园子那样呼风唤雨的阵势，只期望六棵松柏树能顺利成长就行了。

让人意想不到的是，栽好松柏树，我回到北京不久，妹妹就给我打电话，说有一棵柏树因靠近别人家的麦地，人家往麦地里打除草剂时，喷雾飘到柏树上，柏树就死了。我一听，心里顿时有些沮丧。我听人说过，除草剂是很厉害的。地里长了草，人们不再像过去一样用锄头锄，只需用除草剂一喷，各种野草便统统死掉。柏树虽然抗得住冰雪严寒，哪里经得起除草剂的伤害！我有什么办法？我对妹妹说："死就死了吧，死掉一棵，不是还有五棵嘛！"

更严重的情况还在后头。现在收麦都是使用联合收割机，机器收麦留下的麦茬比较深，机器打碎的麦秸也泄在地里。收过麦子，人们要接着种玉米，就放一把火，烧掉麦茬和麦秸。据说火烧得很大，很普遍，夜间几乎映红了天际。就在我们种下松柏树的当年麦季，烧麦茬和麦秸的火焰席卷而来，波及松柏，使松柏又被烧死三棵，只剩下一棵柏树和一棵塔松。秋天我回老家，看到那棵幸存的柏树的树干还被收麦的机器碰掉了一块皮，露出白色的木质。小时候我们的手指若受了伤，习惯在伤口处撒点细土止血。我给柏树的伤口处揉了些黄土，祝愿它的伤口能早日愈合，并希望它别再受到伤害。

我母亲生前很喜欢栽树，对树也很善待。我家院子里的椿树、桐树等都是母亲栽的。看见哪里生出一棵树芽，母亲赶紧找一个瓦片把树芽盖起来，以防快嘴的鸡把树芽啄掉。母亲给新栽的桐树绑上一圈刺棵子，以免猪拱羊啃。每年的腊八，我们喝腊八粥的同时，母亲也会让我们给石榴树的枝条上抹些粥。母亲的意思是说，石榴树也有感知能力，人给石榴树吃了粥，它会结更多的石榴。我们在母亲的长眠之处栽了松柏，母亲的在天之灵肯定是喜欢的。母亲会日日夜夜都守护着那些树，一会儿都不愿离开。在我的想象里，夜深人静时，母亲会悄悄起身，把每棵树都抚摸一遍，一再赞叹：多好啊，多好啊！母亲跟我们一样，也盼着松柏一天天长大。然而，化学制剂来了，隆隆的机器来了，熊熊的烈火来了，就在母亲旁边，那些树眼睁睁地被毁掉了。母亲着急，母亲心疼，可母亲已经失去了保护树的能力，母亲很无奈啊！

按理说，我和弟弟还有能力保护那些树。只是我们早就离开了家乡，在城里安了家，只在每年的清明节和农历十月初一才回去一两次，不可能天天照看那些树。我想，就算我们天天在老家守着，有些事要发生，我们也挡不住。也就是说，我们只有栽树的能力，却没有保卫树的能力。好在六七年过去了，剩下的那棵松树和那棵柏树没有再受到伤害。塔松一年比一年高，已初具塔的形状。柏树似乎长得更快一些，树干有茶杯口那么粗，高度超过了石碑楼子，树冠也比张开的伞面大得多。有风吹过，柏树只呼啸了一声，没有动摇。

在母亲去世八周年之际的清明节，弟弟又从开封拉回了四棵树，两棵松树，两棵金边柏。以前栽的树死掉了四棵，如今又拉回四棵，弟弟的意思是把缺失的树补栽一下。说起来，在母亲去世前，我们的祖坟地并没有在我们家的责任田里，母亲名下的一亩二分责任田在另一块地里。母亲逝世时，为了不触及别人家的利益，我们就与人家协商，把母亲名下的责任田交换过来，并托给一个堂哥代种。也就是说，我们在坟地里立碑也好，栽树也好，和村里别的人家的田地没有任何关涉，别人不会提出任何异议。

让人痛心和难以接受的是，2012 年麦季烧麦茬和麦秸的大火，不仅把我们新栽的四棵松柏烧死了三棵，竟连那棵已经长成的柏树也烧死了。秋后我回老家给母亲烧纸时到墓园里看过，那棵柏树浑身上下被烧得乌黑乌黑的，只剩下树干和一些树枝。我给柏树照了一张相，算是为它短暂的生命立了一个存照。

我有一个堂弟随我到墓园里去了。我跟堂弟交代说："这棵被烧死的柏树，你们谁都不要动它，既不要刨掉它，也不要锯掉它，就让它立在那里，能立多久立多久！"

精彩
——赏析——

　　因为母亲生前很喜欢栽树，对树也很善待，所以母亲去世后，作者姐弟五人在母亲的墓地栽了四棵柏树，两棵松树，希望松柏能守候母亲的墓碑，让母亲不孤单，也将对母亲的思念寄寓在松柏上。可惜，那些松柏因为各种原因，基本都死了。作者希望最后被火烧枯的柏树能一直立在母亲的墓园，也算是对母亲的一种陪伴。作者在文中还用插叙的方式，回忆了故乡的人们因为某些原因对种植松柏的放弃及母亲对树的珍爱，进一步展现了作者将思念之情寄托在松柏树上。面对松柏树的死亡，作者内心涌起了对母亲更加强烈的思念。

不让母亲心疼

　　父亲去世那年我九岁，正读小学三年级。有一天，母亲对我说："以后在外边别跟人家闹气，人家要是欺负了你，你爹不在了，我一个妇女家，可没法儿替你出气。"要是母亲随口那么一说，我或许听了就过去了，并不放在心上。那天母亲特意对我叮嘱这番话时，口气是悲伤的，眼里还闪着泪光。这样就让人觉得事情有些严肃，我一听就记住了。

　　从那时起，带刺的树枝我不摸，有毒的马蜂我不惹。热闹场合，人家上前，我靠后。见人打架，我更是躲得远远的。以前放学后，我喜欢和同学们到铺满麦苗的地里去摔跤，常摔得昏天黑地，扣子掉了，裤子也撕叉了。听了母亲的话，我不再去摔跤，放了学就往家里跑。有时同学拉我去摔跤，我很想去，但我没去，忍住了。

　　我这样小心，还是被人打了。打我的人是我的同班同学，一个远门子叔叔。那年我已经上小学五年级，每天早上和中午要往返好几里路到镇上的小学去上学。那个同学在上学的路上打了我。我至今都想不起他打我的理由是什么，我没招他，没惹他，他凭什么要打我呢？后来我想到，他比我大两三岁，辈分又比我长，学习成绩却比我差得多。我是班里少先队的中队长，他在班里什么干部都不是。他心里不平衡，就把气撒到了我身上。我也不是那么好欺负的，我打不过他，就骂他。我越是骂他，他打我打得越厉害。他把我按倒在地，用鞋底抽我的背，把我的后背抽得火辣辣的疼。

　　我在第一时间想到母亲对我的叮嘱，这事若是让母亲知道了，不知母亲有多心疼呢！我打定主意，要把挨打的事隐瞒下来。到了学校，我做得像没受任何委屈一样，老师进课堂上课时，我照样喊着口令：让同学们起立和坐下，照常听课和写作业，没把无端挨打的事报告给老师。晚上回到家，我觉得后背比刚挨过打时还要疼。我看不见自己的后背，估计后背是紫红的，说不定有的地方还浸了血。我从小长到十几岁，母亲从来没舍得打过我一下。母亲要是看见我被别人打成这样，除了心疼，还有可能拉上我去找人家说理，那样的话，事情就闹大了。算了，所有的疼痛还是我一个人受吧。为了不让母亲看到我的后背，晚上睡觉时，直到吹灭了油灯，我才把汗褂子脱下来。第二天早上，天还不亮，我就把汗褂子穿上了。一天又一天，一年又一年，几十年过去了，直到母亲去世，我始终没把那次挨打的事对母亲说出来。

　　后来又发生了一件事，我却没能瞒过母亲。在放学回家的路上，一个外村的同学，拿起一块羊头大的砂礓，一下子砸在我头上。我意识到被砸，刚要追过去和他算账，那小子已经像兔子一样蹿远了。我觉得头顶有些热，取下帽子一摸，手上沾了血。坏了，我的头被砸破了，帽子没破，头破了。我赶紧蹲下身子，抓了一把干黄土，捂在伤口上。砸我的同学跟我不是一个班，我在五年级二班，他在五年级一班，他跟我的堂哥是一个班。他砸我的原因我知道，因为我堂哥揍过他，他打听到我是堂哥的堂弟，就把对堂哥的报复转嫁到我头上。背后砸黑砖，这小子太不像话！可是，我受伤流血的事万不敢让母亲知道。还是那句话，我宁可让自己头疼，也不能让母亲心疼。我把伤口捂了好一会儿，直到不再流血，我才戴上帽子回家。

有一天下雨，母亲对我说："来，我看看你头上生虮子没有？"母亲让我坐在她跟前，她用双手在我浓密的头发里扒拉。说来还是怨我，好几年过去，我把头皮上受过伤的事儿忘记了。母亲刚把头发扒拉两下，还没找到虮子，却把我头顶的伤疤发现了，母亲甚是吃惊，问："这孩子，你头上啥时候落了个疤瘌？"我心里也是一惊，才把受过伤的事想起来了。但我说："我也不知道。"我想把受过伤的事遮掩过去。母亲认为不可能，人不说话疤说话，自己受了伤，怎么会不知道呢！母亲让我说实话，什么时候受的伤？见实在瞒不过，我只好把受伤的过程对母亲讲了。母亲心疼得嘴啧啧着，问我："你跟老师说了吗？"我说："没有。"母亲又问："你跟砸你那个同学讲理了吗？"我说："没有，他一见我就躲。"母亲说："躲也不行，一定得问问他，为啥平白无故地砸你！"我说："只砸破了一点儿皮，很快就好了。"母亲说："万一发了炎，头肿起来，可怎么得了！你当时为啥不跟我说一声呢？"我跟母亲讲理："你不是说不让我跟人家闹气嘛！"母亲说："说是那样说，你在外边受了气，回来还是应该跟娘说一声，你这个傻孩子啊！"母亲把我的头抱住了。

精彩
—赏析——

　　作者幼年丧父，母亲担心他在外受欺负，怕自己保护不了他，便嘱咐作者不要跟别人闹气。作者深深地记住了母亲的话，因为母亲的"口气是悲伤的，眼里还闪着泪光"。作者虽然没有理解到母亲真正的担心，但因为对母亲的爱和心疼，便严肃地执行起来。捣蛋的、危险的事不再干了，被同学打了也默默地忍受，不向母亲提及，这些都体现了作者的懂事和对母亲的疼爱。最后被母亲知道自己受了欺负时，母亲的话充满了心疼和无奈。文章最后作者用简洁、真诚的描述，将母亲唤着作者"傻孩子"，并抱住作者的头心痛愧疚的场景淋漓尽致地展现在读者面前，给人极大的触动——母亲和孩子都在用自己的方式爱着彼此。

怎不让人心疼

> 有些事情是不分责任的，不是用责任所能衡量。心疼是心的问题，不是责任问题。

有些事情老也不能忘记，每每记起，似含有提醒和催促之意。提醒，是要人们把该记的事情用笔记下来；催促，是说欠着的东西不可久拖不还。我意识到有一件事情我必须马上以文字的形式记述下来，以缓解隐隐的心头之痛。也许在有的人看来，这件事情是小事一桩，不值得一提。我可不这么认为，不能忘怀的事情自有它沉重的道理在。

时间是20世纪的1981年初冬，我们的儿子出生一个多月，妻子产假即将结束，要去上班，只得请母亲从河南老家到北京来帮我们看孩子。在开封工作的弟弟给母亲买了火车票，送母亲在郑州登车。弟弟提前到邮局给我发了电报，报明车次和到站时间，让我到北京站接母亲。岔子出在那天是个星期天，弟弟又把电报发在了我所供职的报社。等星期一我看到电报，早上八点半都过了。我叫了一声不好，顿时急出了一身汗。须知母亲乘坐的火车早上六点多就到了北京，已下车出站两个多小时。母亲以前从没有到过北京，老

108

人家不识字，不知道我家的地址，她只能在车站等我。不难想象，母亲在车站等了一个多小时，又等了一个多小时，迟迟不见她的儿子出现，不知有多么焦急呢！我放下一切事情，马上坐公交车往车站赶。

我们报社在地坛公园附近，离火车站比较远，坐车从报社赶到车站，至少还需要半个小时。我第一次嫌车行速度太慢，第一次体会到心急如焚是什么滋味。平日里我做事比较从容，可那一次，我无论如何都管不住自己的心急。我两眼盯着汽车前方，恨不能让自己乘坐的汽车变成飞机，把所有的汽车和行人都超越过去。我恨不能给自己扎上翅膀，一下子飞到车站去。

终于到了车站，我一步跳下汽车，向站前广场跑去。广场上人山人海，只有一个人是我的母亲。母亲好像被人海淹没了，我到哪里找我的母亲呢？广场上的人流向不同方向快速流动，像是形成了巨大的旋涡，我不管往哪里走，都如同顶着逆流。我逆流而上，先来到出站口，看看母亲是否还在那里等我。我看遍了等在出站口的所有的人，没有，没有我的母亲。广场不是我们村，要是在我们村，我放开喉咙，大声喊几声娘，母亲会听得到。可车站广场不适合大声喊叫，就算喊了，广场上人声嘈杂，母亲也不一定听得到。那时候要是有手机就好了，我会给母亲买一个手机，不管母亲走到哪里，我随时随地都可以跟母亲通话，及时找到母亲。可惜那时还没有手机，我只能盲目地找来找去。我相信母亲没有离开车站，一定还在车站等我接她回家。母亲不光是焦急，说不定还会恐惧。北京太大，车站里人太多，她的儿子在哪里呢？

看到了，我看到母亲了，母亲背着东西，正走在摩肩接踵的人群里。我叫了一声娘，赶快走到母亲身边，接过母亲背着的东西。

母亲说，老也看不见我接她，她都想回去了。母亲不是赶一趟集，想回去不是那么容易。母亲显然是生气了，在说气话。我赶紧向母亲解释了没能及时接她的原因，说好了，咱们回家吧。母亲带的东西有些沉，我问母亲带的什么东西？母亲说，提包里是她给孙子带的新棉花和她新织的布，口袋里是新打下来的黄豆。黄豆至少有十几斤，我说母亲带的黄豆太多了，路上多沉哪！母亲说，这些黄豆是她一颗一颗挑出来的，可以生豆芽吃。

这就是说，母亲不是空着手在车站广场上走，而是背负着沉重的行李在广场上走，那么急匆匆地，来来回回走了三个多小时。母亲累坏了，我把母亲领上公交车，母亲的腿抖得站立不稳，一下子蹲坐在车门口脚踏板上方的台阶上。

这一幕留在了我的脑海里，永远留在了我的脑海里。二十多年之后，母亲离开了我们。母亲去世后，这一幕不但没有模糊，反而越来越清晰。有一回，我梦见母亲正向我走来，母亲身上背的正是棉花、棉布和黄豆。醒来后，我再也睡不着，满脑子再现的都是负重的母亲在茫茫人海中走来走去的情景。这个情景几乎成了一种象征，它象征着每位母亲都在寻找自己外出走远的儿子。在儿子未出现之前，谁都不知道她的儿子是谁。

母亲不在了，火车站还在。有一次我去北京站接客人，自然而然想起了母亲。我想到，那次让母亲着急受累，其实我是没有责任的。只想到一点点儿，我就自责地否定了自己的想法。有些事情是不分责任的，不是用责任所能衡量。心疼是心的问题，不是责任问题。

精彩
──赏析──

　　有些事情总是不能忘怀，它们不一定多么惊心动魄，也不一定多么郑重严肃，仅仅对铭记的人来说，它们一定是充满意味的。文章第一至第三段，叙述母亲来北京的原因和接母亲前出的岔子，为描写母亲负重走在车站人海中的身影做铺垫；第四、五段，写"我"接到母亲的情形，重点写负重的母亲在茫茫人海中走来走去的情景，表现母子间的真挚情感。第六、七段，写梦中"再现"母亲的身影，以及到火车站总能想起母亲，表现了"我"对母亲深深的思念。全文通过描写"我"去车站接母亲的焦急和母亲负重在车站等候"我"的情景，表达了母亲对儿子及孙子无微不至的爱，以及儿子对母亲的百般怀念。

大姐的婚事

> 有些事、有些决定会受时代和社会的影响，对于生活在新时代的我们，应珍惜和感恩这个时代赋予我们的自由、平等和宽容。

堂嫂给我大姐介绍了一个对象，是堂嫂娘家那村的。堂嫂家和我们家同住一个院子，我大姐当时又是生产队的妇女队长，堂嫂和大姐可以说天天见面。可是，堂嫂没有把介绍对象的事直接对大姐说，而是先悄悄地跟我母亲说了。母亲暂且把事情放在心里，也没有对大姐提及。母亲认为这是我们家的一件大事，需要和我商量一下。父亲去世后，我作为家里的长子，母亲把我推到了户主的位置，遇到什么大事都要征求一下我的意见。我当年正读初中二年级，在镇上中学住校，每个星期天才回家一次。等到星期天我回家，母亲才把堂嫂给大姐介绍对象的事对我说了。大姐比我大五岁，是到了该找对象的年龄。大姐找什么样的对象，的确是我们家的一件大事，必须慎重对待。

堂嫂给大姐介绍的对象，是一位在县城读书的在校高中生。高中生的父亲是我的老师，教我们班的地理课。我在我们学校的篮球场上见过那个高中生，他的身材、面貌都不错，据说学习也可以。让人不能接受的是，他的家庭成分是富农。在那个以阶级斗争为纲的年代，人与人之间是以家庭成分划线的，一个人的家庭成分对一个人的命运几乎起着决定性的作用。不仅如此，一个不好的家庭成分，还会对其所构成的社会关系起到负面的辐射作用。这就是说，如果我们家和那个高中生结成了亲戚，在我们家的亲戚关系中，就得写上其中一家是富农。这对我们兄弟姐妹今后的进步会很不利。我还有二姐、妹妹和弟弟，第一个找对象的大姐，应该给我们开一个好头儿。还有一个不容回避的问题是，我父亲曾在冯玉祥部队当过一个下级军官，因为这个问题，我们已经饱受了歧视，几乎成了惊弓之鸟。在这种情况下，如果再给大姐找一个富农家的孩子作对象，我们家招致的歧视会更多，社会地位还得下降。于是，我断然否定了这门亲事。母亲说是跟我商量，其实是以我的意见为主。母亲把我的意见转告给堂嫂，堂嫂就不再提这件事了。因为此事，我甚至对堂嫂有了意见，在心里埋怨堂嫂不该给大姐介绍这样的对象，不该把我们的大姐往富农家庭里推。

按说别人给大姐介绍对象，决定权应该属于大姐。同意不同意，应该由大姐说了算。就算不能完全由大姐决定，大姐至少应该有知情权。然而，我和母亲把大姐瞒得严严的，就把堂嫂给大姐介绍的对象给回绝了。

接着，又有人给大姐介绍了一个对象，还是堂嫂娘家那村的。这个对象识字不多，但家里的成分是贫农。既然成分好，我就没有什么理由反对大姐和人家见面。这个对象后来成了我们的大姐夫。大姐夫勤劳，会做生意，对大姐也很好。据大姐说，刚和大姐夫结婚时，他们家只有两间草房，家里穷得连一个可坐的板凳头儿都没有。为了攒钱把家里的房子翻盖一下，大姐夫贩过粮食，贩过牛，还贩过石灰和沙子。有一回，大姐夫从挺远的地方用架子车往回拉沙子，半路下起雨来。他舍不得花钱住店，夜里就睡在一家供销社窗外的窗台上。为防止睡着后从窗台上摔下来，他解下架子车上的襻绳，把自己拴在护窗的铁栅栏上。他带的有一块防雨的塑料布，但他没有把塑料布裹在自己身上，而是盖在了沙子上面。风吹雨斜，把他的衣服都淋湿了。大姐夫和大姐苦劳苦挣，省吃俭用，终于盖起了四间砖瓦房，还另外盖了两间西厢房和一间灶屋。大姐夫特意在院子里栽了一棵柿子树，每到秋天，红红的柿子挂满枝头，连柿叶都变成了红色。

大姐家的好日子刚刚开头，大姐夫却因身患重病去世了。大姐夫去世时，还不到60岁。大姐夫的去世，对大姐是一个沉重的打击。

当年农历十月初，我回老家为母亲烧纸，大姐和二姐也去了。在烧纸期间，大姐在母亲坟前长跪不起，大哭不止。大姐一边哭，一边对母亲说："娘啊，你咋不说话呢？你咋不管管俺家的事呢？夜这样长，我可怎么熬得过去啊！"我劝大姐别哭了。劝着大姐，我的泪水也模糊了双眼。倒是二姐理解大姐，二姐说："别劝大姐，让大姐好好哭一会儿吧。大姐心里难过，哭哭会好受些。"旷野里一阵秋风吹来，把坟前黑色的灰烬吹上了天空。我听从了二姐的话，没有再劝大姐。我强忍泪水，用带到坟地的镰刀，清理长在母亲坟上的楮树棵子和吊瓜秧子。

为了陪伴和安慰大姐，这次回老家，我到大姐家住了几天。在和大姐回忆过去的事情时，我才对大姐说明，堂嫂曾给大姐介绍过一个对象。大姐一听，显得有些惊奇，说她一点儿都不知道。因为同村，那个人大姐是认识的，大姐叫出了那个人的名字，说人家现在是中学的校长。我还能说什么呢，因为我的年少无知、短视、自私和自以为是，当初我做出的可能是一个错误的决定。四十多年过去了，这件事情我之所以老也不能忘记，是觉得有些对不起大姐。大姐一点儿都没有埋怨我，说那时候都是那样，找对象不看人，都是先讲成分的。

精彩赏析

　　作者用真实、质朴的语言反映了在当时的社会风气下，大姐的婚事由母亲和家里长子即作者做主，而不是由大姐自己决定，甚至都没有知情权。通过别人介绍的两个对象作对比，一个因为家庭富裕被回绝，最后成了中学校长，暗示如果大姐嫁了，生活不会太辛苦。一个因为家庭贫寒，成为大姐夫，但大姐跟着受了很多苦，最后大姐夫积病早逝。作者看到大姐这些年的艰辛和最后孤苦一人的现状，后悔"当初我做出的可能是一个错误的决定"，然而大姐并没有埋怨弟弟，体现了大姐宽容善良的品质。

留守的二姐

在我国各地农村，留守儿童以数千万计。留守儿童所面临的种种问题，已受到社会的广泛关注。每每看到有关留守儿童的报道，我都比较留意。因为我总会联想起二姐和二姐家的留守儿童。多年来，二姐为抚育和照顾她的孙辈，付出的太多了，二姐太累了！

二姐喜欢土地，她认为人到什么时候都得种庄稼，都得靠土地养活，土地是最可靠的。村里的青壮男人和女人一批又一批外出打工，二姐却一年又一年地留在家里种地，从来没有出去过。二姐重视土地是一方面，还有一个主要的原因，是二姐被她家的留守儿童拴住了，脱不开身。

二姐有三个孩子，两个儿子和一个女儿。大儿子和大儿媳去上海打工，把他们的两个孩子都留给了二姐。这两个孩子，一个男孩儿，一个女孩儿。男孩儿刚上小学，女孩儿才两三岁。冬冬夏夏，二姐管他们吃饭、穿衣，更在意他们的安全。村里有一个老爷爷，一眼没看好留守的孙子，孙子就掉到井里淹死了。爷爷心疼孙子，又觉得无法跟儿子、儿媳交代，抱着孙子的小尸体躺在床上，自己也喝农药死了。这件事让二姐非常警惕，心里那根安全的弦时刻都绷得很紧。一会儿看不见孙子、孙女，她就赶快去找。哪个孩子若有点头疼脑热，二姐一点儿都不敢大意，马上带孩子去医院看，并日夜守护在孩子身边。直到孩子又活泼起来，二姐才放心。

大儿子的两个孩子还没长大，二儿子的孩子又出生了。二姐的二儿子和二儿媳都在城里教书，二儿媳急着去南京读研，她生下的婴儿刚满月，就完全交给了二姐。因家穷供不起，二姐小时候只上过三年学就辍学了。二姐对孩子们读书总是很支持，并为有出息的孩子感到骄傲。二姐对二儿媳说："去吧，好好读书吧。孩子交给我，你只管放心。"喂养婴儿可不是一件容易的事，二姐日夜把婴儿搂在怀里，饿了冲奶粉，尿了换尿不湿，所受的辛苦可想而知。二姐不愿让婴儿多哭，有时半夜还抱着婴儿在床前走来走去。有一年秋天我回老家看二姐，见二姐明显消瘦，而她怀里的小孙子却又白又胖。小孙子接近三岁，该去城里上幼儿园了，他的爸爸妈妈才把他接走。这时他不认爸爸妈妈，只认奶奶。听说爸爸妈妈要接他走，他躲在门后大哭，拉都拉不出去。二姐只好把他送到城里，又陪他在城里住了一段时间，等他跟爸爸妈妈熟悉了，才离开。

到这里，我想二姐该休息一下了。不，二姐还是休息不成。2010年秋天，二姐的女儿生了孩子。二姐的女儿在杭州读研究生，因为要返校交毕业论文，还有答辩什么的，她的孩子还没有满月，就托给了二姐。新一轮喂养婴儿的工作又开始了，二姐再度陷入紧张状态。听二姐夫说，这个婴儿老是在夜间哭闹，闹得二姐整夜都不能睡。有时就是想给婴儿冲点奶粉，但婴儿哭闹得都放不下。亏得二姐夫也没有外出打工，可以给二姐帮把手。在婴儿不哭的时候，二姐摸着婴儿的小脸蛋逗婴儿说："你这个小闺女儿，不该我看你呀！你有奶奶，怎么该姥姥看你呢！"见外孙女被逗得咧着小嘴笑，二姐心里充满喜悦。

其实，二姐的身体并不是很好。年轻时，二姐早早就入了党。二姐当过生产队的妇女队长，当过县里学习毛主席著作积极分子，是全公社有名的"铁姑娘"。在生产队里割麦，二姐总是冲在最前头。从河底往河岸上拉河泥，别的女劳力都是两个人拉一辆架子车，只有二姐是一个人拉一辆架子车。因下力太过，二姐身上落下的毛病不算少。在我看来，二姐就是要强，心劲足，勇于担责，富有自我牺牲精神。换句话说，二姐的精神力量大于她的身体力量，她身体能量的超常付出，靠的是精神力量的支撑。

我们姐弟五个，我和弟弟早就在城里安了家，大姐和妹妹也相继随家人到了城里。现在仍在农村种地的只有我二姐。近年来，我每年回老家到母亲坟前烧纸，都是先到二姐家，由二姐准备好纸、炮和祭品，我们一块儿回到老家的院子里，把落满灰尘的屋子稍稍打扫，再一块儿到坟地烧纸。我和二姐聊起来，二姐说，她这一辈子哪儿都不去了，在农村挺好的。想当年，二姐满怀壮志，一心想离开农村，往社会上层走。如今迁徙之风风起云涌，人们纷纷往城里走，二姐反倒塌下心来，只与农村、土地和庄稼为伍。二姐习惯关注国内外的大事，她注意到，现在世界上很多国家缺粮食，粮食还是最宝贵的东西。二姐说，等今年的新小麦收下来，她不打算卖了，晒干后都储存起来，万一遇到灾荒年，让我们都到她家去吃。二姐的说法让人眼湿。

2011年临近麦收，二姐病了一场，在县医院打了十多天吊针，病情才有所缓解。岁月不饶人。二姐毕竟是年逾花甲的人了，已经不起过度劳累。我劝二姐，人的身体力量和精神力量都是有限的，凡事须量力而行，以自己的身体为重。

精彩
——赏析——

随着越来越多的年轻人去城里打工、生活，农村留守老人和留守儿童已成为一个庞大的特殊群体。为了打发时间、减轻子女的压力，许多老人不仅要继续自给自足的劳作，还要照顾子女的孩子，他们的终身就这么无私地奉献给了子女和这片土地。作者通过描写"留守的二姐"，生动、真切地展现了现代留守老人的心酸、辛苦、无奈和伟大。二姐是令人心疼的，小心翼翼地照顾子女的孩子，承受着精神压力和身体的透支，这是很多留守老人的真实写照。作者在字里行间无不透露着对二姐的心疼和对这种现状的无奈感，最后作者只希望二姐能量力而行，以自己的身体为重。

妹　妹

> 人的一生不可能没有遗憾，但不是所有的遗憾都可以弥补，先做好自己该做的事吧，尽力让自己不留遗憾！对于遗憾，也可以通过做其他的事情，慢慢放下。

我妹妹不识字，她一天学都没上过。

我们姐弟六个，活下来五个。大姐、二姐各上过三年学。我上过九年学。弟弟上了大学。只有我妹妹从未踩过学校的门口。

不管是男孩子，还是女孩子，我们姐弟都很喜欢读书。比如我二姐，她比我大两岁。因村里办学晚了，二姐与我在同一个班，同一个年级。二姐学习成绩很好，在班里数一数二。1960 年夏天，我父亲病逝后，母亲就不让二姐再上学了。那天正吃午饭，二姐一听说不让她上学，连饭也不吃了，放下饭碗就要到学校里去。母亲抓住她，不让她去。她使劲儿往外挣，母亲就打她。二姐不服，哭的声音很大，还躺在地上打滚儿。母亲的火气上来了，抓过一只笤帚疙瘩，打二姐打得更厉害。与我家同住在一个院的堂婶儿看不过去，说哪有这样打孩子的，要母亲别打了。母亲这才说了她的难处，母亲说，几个孩子嘴都顾不住，能挣个活命就不错了，哪能都上学呢！

母亲也哭了。见母亲一哭，二姐没有再坚持去上学，她又哭了一会儿，就爬起来到地里去薅草了。从那天起，二姐就失学了。

我很庆幸，母亲没有说不让我继续上学。

妹妹比我小三岁。在二姐失学的时候，妹妹也到了上学的年龄。母亲没有让我妹妹去上学，妹妹自己好像也没提出过上学的要求。我们全家似乎都把妹妹该上学的事忘记了。妹妹当时的任务是看管我们的小弟弟。小弟弟有残疾，是个罗锅腰。我嫌他太难看，放学后，或星期天，我从不愿意带他玩。他特别希望跟我这个当哥哥的出去玩，我不带他，他就大哭。他哭我也不管，只管甩下他，跑走了。他只会在地上爬，不会站起来走，反正他追不上我。一跑到院子门口，我就躲到墙角后面观察他，等他觉得没希望了，哭得不那么厉害了，我才悄悄溜走。平日里，都是我妹妹带他玩。妹妹让小弟弟搂紧她的脖子，她双手托着小弟弟的两条腿，把小弟弟背到这家，背到那家。她用泥巴给小弟弟捏小黄狗，用高粱篾子给小弟弟编花喜鹊，还把小弟弟的头发朝上扎起来，再绑上一朵石榴花。有时她还背着小弟弟到田野里去，走得很远，带小弟弟去看满坡地的麦子。妹妹从来不嫌弃小弟弟长得难看，谁要是指着说小弟弟是个罗锅腰，妹妹就跟人家生气。

妹妹还会捉鱼。她用竹篮子在水塘里捉些小鱼儿，炒熟了给小弟弟吃。那时我们家吃不起油，妹妹炒鱼时只能放一点盐。我闻到炒熟的小鱼儿很香，也想吃。我骗小弟弟，说替他拿着小鱼儿，他吃一个，我就给他发一个。结果有一半小鱼儿跑到我肚子里去了，小弟弟再伸手跟我要，就没有了。小弟弟突然病死后，我想起了这件事，觉得非常痛心，非常对不起小弟弟。于是我狠狠地哭，哭得浑身抽搐，四肢麻木，几乎昏死过去。母亲赶紧找来一个老先生，让人家给我扎了几针，放出几滴血，我才缓过来了。

我妹妹下面还有一个弟弟，是我们的二弟弟。二弟弟到了上学年龄，母亲按时让他上学去了。这时候，母亲仍没有让妹妹去上学。妹妹没有跟二弟弟攀比，似乎也没有什么怨言，每天照样下地薅草、拾柴、放羊。大姐二姐都在生产队里干活儿，挣工分。妹妹还小，队里不让她挣工分，她只能给家里干些放羊、拾柴的小活儿。我们家做饭烧的柴草，多半是妹妹拾来的。妹妹一天接一天地把小羊放大了，母亲把羊牵到集上卖掉，换来的钱一半给我和二弟弟交了学费，另一半买了一只小猪娃。这些情况我当时并不完全知道。妹妹每天下地，我每天上学，我们很少在一起。中午我回家吃饭，往往看见妹妹背着一大筐青草从地里回来。我们家养猪很少喂粮食，都是给猪喂青草。妹妹每天至少要给猪薅两大筐青草，才能把猪喂饱。妹妹的脸被晒得通红，头发辫子毛茸茸的，汗水浸湿了打着补丁的衣衫。我对妹妹不是很关心，看见她跟没看见她差不多，很少跟她说话。妹妹每天薅草、喂猪，我当时没觉得有什么不正常。至于家里让谁上学，不让谁上学，那是母亲的事，不是我的事。

妹妹是很聪明的，学东西很快，记性也好。我们村有一个老奶奶，会唱不少小曲儿。下雨天或下雪天，妹妹到老奶奶家去听小曲儿，听几遍就把小曲儿学会了。妹妹唱得声音颤颤的，虽说有点胆怯，却比老奶奶唱得还要好听许多。我们在学校里唱的歌，妹妹也会唱。我想定是我们在教室里学唱歌时，被妹妹听到了。我们的教室是土坯房，房四周裂着不少缝子，一唱歌传出去很远。妹妹也许正在教室后面的坑边薅草，她一听唱歌就被吸引住了。妹妹不是学生，没有资格进教室，她就跟着墙缝子里冒出来的歌声学。不然的话，妹妹不会那么快就把我们刚学会的歌也学会了。我敢说，妹妹要是上学的话，肯定是一个好学生，学习成绩一定很好，在班里不能拿第一名，也能拿第二名。可惜得很，妹妹一直没得到上学的机会。

我考上镇里的中学后，就开始住校，每星期只回家一次。我星期六下午回家，星期天下午按时返校。我回家一般也不干活儿，主要目的是回家拿吃的。母亲为我准备好够接下来一星期吃的红薯和红薯片子磨成的面，我带上就走了。秋季的一个星期天，我又该往学校背面了，可家里一点面也没有了。夏季分的粮食吃完了，秋季的庄稼还没完全成熟，怎么办呢？我还要到学校上晚自习，就快快不乐地走了。我头天晚上没吃饭，第二天早上也没吃东西，饿着肚子坚持上课。那天下着小雨，秋风吹得窗外的杨树叶子哗哗响，我身上一阵阵发冷。上完第二节课，课间休息时，同学们都出去了，我一个人在教室里待着。有个同学在窗外告诉我，有人找我。我出去一看，是妹妹来了。她靠在一棵树后，很胆怯的样子。妹妹的衣服被雨淋湿了，打绺的头发沾在她的额头上。她从怀里掏出一个黑毛巾包递给我。我认出这是母亲天天戴的头巾。里面包的是几块红薯，红薯还热乎着，冒着微微的白汽。妹妹说，这是母亲从自留地里扒的，红薯还没长开个儿，扒了好几棵才这么多。我饿急了，拿过红薯就吃，噎得我胸口直疼。事后知道，妹妹冒着雨在外面整整等了我一个课时。她以前从未来过我们学校，见很大的校园里绿树成荫、鸦雀无声，一排排教室里正在上课，就躲在一棵树后，不敢问，也不敢走动。她又怕我饿得受不住，急得都快哭了。直到下课，有同学问她，她才说是找我。

后来我到外地参加工作后，给大姐、二姐都写过信，就是没给妹妹写过信。妹妹不识字，给她写信她也不会看。这时我才想到，妹妹也该上学的，哪怕像两个姐姐那样，只上几年学也好呀。妹妹出嫁后，有一次回家问我母亲，她小时候为什么不让她上学。妹妹一定是遇到了不识字的难处，才向母亲问这个话。母亲把这话告诉我了，意思是埋怨妹妹不该翻旧账。我听后，一下子觉得十分伤感。我觉得这不是母亲的责任，是我这个长子长兄的责任。母亲一心供我上学，就没能力供妹妹上学了。实际上是我剥夺了妹妹上学的权利，或者说是妹妹为我做出了牺牲。牺牲的结果，我妹妹一辈子都是一个睁眼瞎啊！

在单位，一听说为"希望工程"捐款，我就争取多捐。因为我想起了我妹妹，想到还有不少女孩子像小时候的我妹妹一样，因家庭困难而上不起学。有一年春天，我到陕西一家贫困矿工家里采访。这家有一个正上小学六年级的女孩子，还是班长和少先队的大队长。我刚跟女孩子的母亲说了几句话，女孩子就扭过脸去哭起来。因为女孩子的父亲因意外事故死去了，家里为她交不起学费，女孩子正面临失学的危险。女孩子最害怕的就是不让她继续上学。这种情况让我马上想到了我二姐，还有我妹妹。我的眼泪啦啦地流，哽咽得说不成话，采访也进行不下去。我掏出一点钱，给女孩子的母亲，让她给女孩子交学费，千万别让女孩子失学。

我想过，给"希望工程"捐款也好，替别的女孩子交学费也好，都不能给我妹妹弥补什么。可是，我有什么办法呢？

精彩
—**赏**析——

　　文中对妹妹的描写更多是通过侧面叙述和衬托，比如通过穿插其他人物，二姐、小弟和"我"来刻画妹妹的形象和品质。写二姐，说明"我们"姐弟都很喜欢读书，通过描写二姐被迫辍学的哭闹来说明她对上学的渴望，而没有读过一天书的妹妹却没有任何怨言，更衬托出妹妹的懂事。写身有残疾的小弟不被"我"理睬，而妹妹总是安慰他，陪他玩，还给他做鱼，衬托出妹妹的博爱之心和勤劳能干。写"我"对妹妹不理睬，而妹妹冒雨为"我"送吃食，进一步说明妹妹的友爱、懂事。作者还通过写妹妹学唱曲儿、学唱歌很快，说明妹妹很聪明，自然引出作者对妹妹没有上学的遗憾，以至于作者非常关注"希望工程"，能帮助更多女孩上学，以弥补对妹妹没有上学的遗憾和愧疚。作者用直白、真诚的语言，将自己的心理活动和变化清晰地展现在字里行间，使读者很容易产生共鸣。

那双翻毛皮鞋

💐 **心灵寄语**

　　一母同胞的兄弟姐妹，因血脉相连，亲情相连，彼此之间也是负有责任的，应当互相关心、互相照顾才是。

　　母亲到矿区帮我们看孩子，老家只有我弟弟一个人在家。弟弟当时正在镇上的中学读高中，吃在学校，住在学校，每星期直到星期天才回家一次。以前弟弟回家时，都是母亲给他做饭吃。母亲不在家，弟弟只好自己生火烧锅，自己做饭。那是1975年，母亲秋天到矿区，直到第二年麦收之后才回。也就是说，连当年的春节，都是弟弟一个人度过的。过春节讲究红火热闹、阖家团圆。而那一年，我们家是冷清的，我弟弟的春节是过得孤苦的。这一点是我后来才想到的。当时，我并没有多想弟弟一个人的春节该怎么过，好像把远在家乡的弟弟忘记了。

　　弟弟也是母亲的儿子，母亲对儿子肯定是牵挂的。可是，母亲并没有把牵挂挂在嘴上。春节期间，我没听见母亲念叨我弟弟，她对我弟弟的牵挂是默默地牵挂。直到临回老家的前一天，母亲才对我提出，要把我的一双翻毛皮鞋捎回家给我弟弟穿一穿。母亲出来七八个月，她要回家了，我这个当哥哥的，应该给弟弟买一点什么东西捎回去。我父亲去世早，弟弟几乎没得到过什么父爱，我应该给弟弟一些关爱。然而我连一分钱的东西都没想起给弟弟买。在这种情况下，母亲提出把我的翻毛皮鞋捎给弟弟穿，我当然也没有任何理由不同意。那是矿上发的劳动保护用品，看上去笨重得很，我只在天寒地冻的时候才穿，天一暖就不穿了。我从床下找出那双落满灰尘、皮子已经老化得发硬的皮鞋，交给了母亲。

我弟弟学习成绩很好，是他所在班的班长。我后来还听说，那个班至少有两个女同学喜欢我弟弟。弟弟的同学大概都知道，他们班长的哥哥在外边当煤矿工人，是挣工资的人。因我没给弟弟买过什么东西，他的穿戴与别的同学没什么区别，一点儿都不显优越。母亲把翻毛皮鞋捎回去就好了，弟弟穿上皮鞋在校园里一走，一定会给弟弟提不少精神。弟弟的同学也会注意到弟弟脚上的皮鞋，他们对弟弟的羡慕可想而知。

让我一辈子都不能原谅自己的是，这年秋天，一位老乡回家探亲前找到我，问我有没有事托给他。我想了想，让他把我的翻毛皮鞋捎回来。话一出口，我就觉得不妥，母亲既然把皮鞋带给了弟弟，我怎么能再要回来呢！当然，我至少可以找出两种理由为自己开脱。比如：因我小时候在老家被冻烂过脚后跟，以后每年冬天脚后跟都会被冻烂。我当上工人后，拿我的劳保用品深筒胶靴与别的工种的工友换了同是劳保用品的翻毛皮鞋，并穿上妻子给我织的厚厚的毛线袜子，脚后跟才没有再被冻烂过。再比如：那时我们夫妻俩的工资加起来还不到七十元，都是这个月望着下个月的工资过生活，根本没有能力省出钱来去买一双新的翻毛皮鞋。尽管如此，我还是有些后悔，一双旧皮鞋都舍不得留给弟弟，是不是太过分了，这哪是一个当哥哥的应有的道理！我心里悄悄想，也许母亲会生气，拒绝把皮鞋捎回来。也许弟弟已经把皮鞋穿坏了，使皮鞋失去了往回捎的价值。老乡回老家后，我不但不希望老乡把皮鞋捎回来，倒希望他最好空手而归。

十几天后，老乡从老家回来了，他把那双刷得干干净净的翻毛皮鞋捎了回来。接过皮鞋，我心里一沉，没敢多问什么，就把皮鞋收了起来。从那以后，那双翻毛皮鞋我再也没穿过。

我兄弟姐妹六人，最小的弟弟七岁病死，还有五人。在我年少和年轻的时候，朦胧觉得孩子是父母的孩子，只有父母才对孩子负有责任，而兄弟姐妹之间是没有的，谁都不用管谁。随着年龄的增长，我才认识到，一娘同胞的兄弟姐妹，因血脉相连，亲情相连，彼此之间也是负有责任的，应当互相关心、互相照顾才是。回过头来看，在翻毛皮鞋的事情上，我对弟弟是愧悔的。时间愈久，愧悔愈重。

时过境迁，现在大家都不穿翻毛皮鞋了。就算我现在给弟弟买上一千双翻毛皮鞋，也弥补不了我的愧悔之情。我应该对弟弟说出我的愧悔。作为弟弟的长兄，因碍着面子，我迟迟没有说出。那么，我对母亲说出来，请求母亲的原谅总可以吧。可是，还没等我把愧悔的话说出来，母亲就去世了。每念及此，我眼里就包满了眼泪。有时半夜醒来，我会突然想起那双翻毛皮鞋的事，就难受得好一会儿无法入睡。现在我把我的愧悔对天下人说出来了，心里才稍稍觉得好受一点。

精彩
—赏析——

这是一篇回忆性散文，作者以第一人称"我"回忆和叙述了自己经历的事，以及现在的所思所想，使故事更加真实、情感更加真挚。本文以"那双翻毛皮鞋"为主题，却用较多笔墨写弟弟，这样写为后文母亲要求给弟弟捎回翻毛皮鞋做铺垫，也与"我"最终要回翻毛皮鞋的举动做鲜明对比，更加突出作为哥哥，对弟弟的冷漠、不关心，进一步表现作者现在的愧悔之情。作者坦诚的心灵剖析，将自己的小气与弟弟的大度相互对比，既抒发了对过去自己不懂亲情的悔恨，又娓娓道出"亲情也需要相互理解和包容"的温馨道理。

心 重

❀ **心灵寄语**

> 一个人有着善良的天性、高贵的心灵、高尚的道德、悲悯的情怀，他的生命才称得上有质量的生命。

我的小弟弟身有残疾，他活着时，我不喜欢他，不愿带他玩。小弟弟病死时，我却哭得浑身抽搐，手脚冰凉，昏厥过去。母亲赶紧喊来一位略通医道的老爷爷，过来给我扎了一针，我才苏醒过来。母亲因此得出了一个看法，说我是一个心重的孩子。母亲临终前，悄悄跟村里好几个婶子交代，说我的心太重，她死后，要婶子们多劝我，多关照我，以免我哭得太厉害，再昏死过去。

我对自己并不是很了解，难道我真是一个心重的人吗？回头想想，是有那么一点儿。比如妻子下班或外出办事，如若不能按时回家，我总是不由自主地为妻子的安全担心。我胡想乱想，想得越多，心越往下沉，越焦躁不安。直到妻子终于回家了，我仍然心情沉闷，不能马上释怀。妻子说，她回来了，表明她没出什么事儿，我应该高兴才是。我也明白，自己应该高兴，应该以足够的热情欢迎妻子归来。可是，大概因为我的想象沿着不好的方向走得有些远了，一时还不能返回来。我就是管不住自己，不能很快调动起高兴的情绪。

等妻子解释了晚回的原因，我们又说了一会儿话，我压抑的情绪才有所缓解，并渐渐恢复到正常状态。我想，这也许就是我心重的表现之一吧。

许多人不愿意承认自己心重，认为心重是小心眼儿，是性格偏执，是对人世间的有些事情看不开、放不下造成的。有人甚至把心重说成是一种消极的心理现象，是不健康的心态。对于这样的认识和说法，我实在不敢认同。不是我为自己辩解，以我的人生经验和心理经验来看，我认为心重关乎敏感，关乎善良，关乎对人生的忧患意识，关乎对责任的担当等等。从这些意义上说，心重不但不是什么负面的心理现象，而正是一种积极、健康、向上的心态。

以此推之，我冒昧地做出一个判断，凡是真正热爱写作的人，都是心重的人，任何有分量的作品都是心重的人写出来的，而非心轻的人所能为。一个人的文学作品，是这个人的生命之光、生命之舞、生命之果，是生命的一种精神形式。生命的质量、力量和分量，决定着文学作品的质量、力量和分量，有什么样的生命，只能写出什么样的作品。我个人理解，生命的质量主要是对一个人的人格而言，一个人有着善良的天性、高贵的心灵、高尚的道德、悲悯的情怀，他的生命才称得上是有质量的生命。生命的力量主要是对一个人的智性和思想深度而言，这个人勤学，善于独立思考，对世界有着独到的深刻见解，又勇于准确地表达自己的见解，这样的生命无疑是有力量的生命。生命的分量主要来自一个人的阅历和经历，它不是先天就有的，而是后天经年累月积累起来的。他奋斗过、挣扎过、痛苦过，甚至被轻视过，被批斗过、被侮辱过，加码再加码，锤炼再锤炼，生命的分量才日趋完美。沈从文在评价司马迁生命的分量时，有过精当的论述。沈从文认为，司马迁的文学态度来源于司马迁一生从各方面所得到的教育总量，司马迁的生命是有分量的生命。这种分量和痛苦忧患有关，不是仅仅靠积学所能成就。

回头再说心重。心重和生命的分量有没有关系呢？我认为是有的。九九归心，其实所谓生命的分量也就是心的分量。一个人的心重，不等于这个人的心就一定有分量。但拥有一颗有分量的心，必定是一个心重的人。一个人的心轻飘飘的，什么都不过心，甚至没心没肺，无论如何都说不上是有分量的心。

目前所流行的一些文化和艺术，因受市场左右，在有意无意地回避沉重的现实，一味搞笑、娱乐、放松、解构，差不多都是轻而又轻的东西。这些东西大行其道，久而久之，只能使人心变得更加轻浮、更加猥琐、更加庸俗。心轻了就能得到快乐吗？也不见得。米兰·昆德拉的观点是：生命不能承受之轻。他说过，也许最沉重的负担同时也是一种生活最为充实的象征，负担越沉，我们的生活就越贴近大地，越趋近真切和实在。相反，完全没有负担，人变得比大气还轻，会高高地飞起，离别大地，运动自由而毫无意义。

有一年我去埃及，在不止一处神庙中看到墙上内容大致相同的壁画。壁画上画着一种类似秤或天平样的东西，像是衡器。据介绍，那果然是一种衡器。衡器干什么用的呢？用来称人的心。每个人死后，都要把心取出来，放在衡器上称一称。如果哪一个人的心超重，就把这个人打入另册，不许变成神，也不许再转世变成人。那么对超了分量的心怎么处理呢？衡器旁边还画着一条巨型犬，犬吐着红舌头，负责称心的人顺手就把不合标准的心扔给犬吃掉了。我不懂埃及文化，不知道壁画背后的典故是什么，但听了对壁画的介绍，我难免联想到自己的心，不由地惊了一下。我承认过自己心重，按照埃及的说法，我死后，理应受到惩罚，既不能变成神，也不能再变成人。从今以后，我是不是也想办法使自己的心变得轻一些呢？想来想去，我想还是算了，我宁可只有一生，宁可死后不变神，也不变人，还是让我的心继续重下去吧。

精彩赏析

通过写因小弟弟去世，"我"哭死过去，以及对妻子的担心等，引出"我是一个心重的人"。在作者的眼中，"心重"并不是小心眼儿、性格偏执，或是一种消极的心理现象，相反，"心重"关乎个人的敏感、善良与责任感等，是一种健康、积极的心态。作者将"心重"引申到作家群体，通过对生命的质量、力量和分量的举例和分析，来说明"心重"与生命的分量有关系。作者通过对现实中所流行的一些文化和艺术的分析，进一步说明"心重"是更加健康的方式。最后作者以埃及文化为例，进一步强调自己的观点，宁可只有一生，也想做个"心重"的人。

凭什么我可以吃一个鸡蛋

🌸 **心灵寄语**

　　父母的偏爱也许有自己的理由，但尚且年幼的孩子无法理解。这需要父母与孩子及时沟通！

　　1967年初中毕业后，我回乡当了两年多农民。我承认，我不是一个好农民，因为我对种地总也提不起兴趣。我成天想的是，怎样脱离家乡那块黏土地，到别的地方去生活。我不敢奢望一定到城市里去，心想只要挪挪窝儿就可以。

　　若是我从来没有外出过，走出去的心情不会那么急切。1966年，当年15岁的我，身穿黑粗布棉袄、棉裤，背着跟当过兵的堂哥借来的黄书包，先后到了北京、武汉、长沙、杭州、上海、南京等大城市，在湘潭过了元旦，在上海过了春节。外出之前，我是一个黄巴巴的瘦小子。到城市里的接待站，我每天吃的是大米饭、白面馒头，有时还有鱼和肉。走了一个多月回到家，我的脸都吃大了，几乎成了一个胖子。这样一来，我的欲望就膨胀起来了，心也跑野了。我的头脑里装进了外面的世界，知道天外有天，河外有河，外面是那样广阔，那般美好。回头再看我们村庄，灰灰的，矮趴趴的，又瘦又小，实在没什么吸引人的地方。不行，我要走，我要甩掉脚上的泥巴，到别的地方去。

这期间，我被抽调到公社毛泽东思想文艺宣传队干了一段时间。在宣传队也不错，我每天和一帮男女青年唱歌跳舞，移植革命样板戏，到各大队巡回演出，过的是欢乐的日子。宣传队没有食堂，我们到公社的小食堂，跟公社干部们一块儿吃饭。干部们吃豆腐，我们跟着吃豆腐；干部们吃肉包子，我们也吃肉包子。我记得，我们住在一家被打倒的地主家的楼房里，公社每月发给我们每人 15 块钱生活费，生产队还按出满勤给我们记工分。我们的待遇很让农村青年们羡慕。要是宣传队长期存在就好了，那样的话，我就不用再回到庄稼地里去。不料宣传队是临时性的，它头年秋后成立，到了第二年春天，小麦刚起身就解散了。没办法，再留恋宣传队的生活也无用，我只得拿起锄头，重新回到农民的行列。

还有一条可以走出农村的途径，那就是去当兵。那时全国人民学习解放军的口号喊得震天响，农村青年对应征入伍都很积极。我曾两次报名参军，体检都没问题。但一到政治审查这一关，就把我刷下来了。原因是我父亲曾在冯玉祥部队当过一个下级军官。第一次报名参军不成，已经让我感到深受打击。第二次报名参军又遭拒绝，使我几乎陷入一种绝望的境地。我觉得自己完蛋了，这一辈子再也没什么前途了。

我消沉下来，不愿说话，不愿理人，连饭都不想吃。我一天比一天瘦，忧郁得都挂了相。憋屈得实在受不了，我的办法是躲到村外一片茂密的苇子棵里去唱歌。我选择的是一些忧伤的、抒情的歌曲，大声把歌曲唱了一支又一支，直唱得泪水顺着两边的眼角流下来，并在苇子棵里睡了一觉，压抑的情绪才稍稍有所缓解。

母亲和儿子是连心的，我悲观的情绪自然是瞒不过母亲。我知道母亲心里也很难过，但母亲不能改变我的命运，也无从安慰我。已经去世的父亲无论如何也想不到，他的那段历史会株连到他的儿子。母亲曾当着我的面埋怨过父亲，说都是因为父亲的过去把我的前程给耽误了。母亲埋怨父亲时，我没有说话，没有顺着母亲的话埋怨父亲，更没有对母亲流露出半点不满之意。母亲为了抚养她的子女，承受着一般农村妇女所不能承受的沉重压力，已经付出了万苦千辛，如果我再给母亲脸色看，就显得我太没人心。我不怨任何人，只怨自己命运不济。

有一天早上，母亲做出了一个决定，给我煮一个鸡蛋吃。我们家通常的早饭是，在锅边贴一些红薯面的锅饼子，在锅底烧些红薯茶。锅饼子是死面的，红薯茶是稀汤寡水。我们啃一口锅饼子，喝一口红薯茶，没有什么菜可就，连腌咸菜都没有。母亲砸一点蒜汁儿，把鸡蛋剥开，切成四瓣，泡在蒜汁儿里，给我当菜吃。鸡蛋当时在我们那里可是奢侈品，一个人一年到头都难得吃一个鸡蛋。过麦季时，往面条锅里打一些鸡蛋花儿，全家人吃一个鸡蛋就不错了。有的人家的娇孩子，过生日时才能吃到一个鸡蛋。那么，差不多家家都养鸡，鸡下的蛋到哪里去了呢？鸡蛋一个个攒下来，拿到集上换煤油和盐去了。比起吃鸡蛋，煤油和盐更重要。没有煤油，就不能点灯，夜里就得摸黑。没有盐吃，人干活儿就没有力气。我家那年养有一只公鸡，两只母鸡。由于舍不得给鸡喂粮食，母鸡下蛋下得不是很勤奋，一只母鸡隔一天才会下一个蛋。以前，我们家的鸡蛋也是舍不得吃，也是拿鸡蛋到集上换煤油和盐。母亲这次一改往日的做法，竟拿出一个鸡蛋给我吃。我在大串连时和宣传队里吃过好吃的，再吃又硬又黏的红薯面锅饼子，实在难以下咽。有一个鸡蛋泡在蒜汁儿里当菜就好多了，我很快就把一个锅饼子吃了下去。

问题是，我母亲没有吃鸡蛋，大姐、二姐没有吃鸡蛋，妹妹和弟弟也没有吃鸡蛋，只有我一个人每天早饭时吃一个鸡蛋。我吃得并不是心安理得，但让我至今回想起来仍感到羞愧甚至羞耻的是，我没有拒绝，的确一次又一次把鸡蛋吃掉了。我没有让给家里任何一个亲人吃，每天独自享用一个宝贵的鸡蛋。我那时还缺乏反思的能力，也没有自问：凭什么我就可以吃一个鸡蛋呢？要论辛苦，全家人数母亲最辛苦。为了多挣工分，母亲风里雨里，泥里水里，一年到头和生产队里的男劳力一起干活儿。冬天下雪，村里别的妇女都不出工了，母亲还要到场院里去给牲口铡草，一趟一趟往麦子地里抬雪。要数对家里的贡献，大姐、二姐都比我贡献大。大姐是妇女小组长，二姐是生产队的妇女队长，她们干起活儿来都很争强，只能冲在别人前头，绝不会落在别人后头。因此，她们挣的工分是妇女劳力里最高的。要按大让小的规矩，妹妹比我小两岁，弟弟比我小五岁，妹妹天天薅草、拾柴，弟弟正上小学，他们正是长身体的时候，更需要营养。可是，他们都没有吃鸡蛋，母亲只让我一个人吃。

我相信，他们都知道鸡蛋好吃，都想吃鸡蛋。我不知道，母亲在背后跟他们说过什么没有，做过什么工作没有，反正他们都没有提意见，没有和我攀比，都默默地接受了让我在家里搞特殊化的现实。大姐、二姐看见我吃鸡蛋，跟没看见一样，拿着锅饼子，端着红薯茶，就到别的地方吃去了。妹妹一听见刚下过蛋的母鸡在鸡窝里叫，就抢先去把温热的鸡蛋拾出来，递给母亲，让母亲煮给我吃。

我不是家长，家长还是母亲，我只是家里的长子。作为长子，应该为这个家多承担责任，多做出牺牲才是。我没有承担什么，更没有主动做出牺牲。我的表现不像长子，倒像是家里最小的孩子。

我们那里有句俗话，会哭闹的孩子有奶吃。我没有哭，没有闹，有的只是苦闷，沉默。也许在母亲看来，我不哭不闹，比又哭又闹还让她痛心。可能是母亲怕我憋出病来，怕我有个好歹，就决定让我每天吃一个鸡蛋。

姐妹兄弟们生来是平等的，在一个家庭里应该有着平等的待遇。如果父母对哪个孩子有所偏爱，或在物质利益上格外优待某个孩子，会被别的孩子说成偏心，甚至会导致产生家庭矛盾。母亲顾不得那么多了，毅然做出了让我吃一个鸡蛋的决定。

如今，鸡蛋早已不是什么奢侈品，家家都有不少鸡蛋，想吃几个都可以。可是，关于一个鸡蛋的往事却留在我的记忆里了。时间过去了四十多年，记忆不但没有模糊，反而变得愈发清晰。鸡蛋像是唤起记忆的一个线索，只要一看到鸡蛋，一吃鸡蛋，我心里一停，又一突，那个记忆就回到眼前。一个鸡蛋的记忆几乎成了我的一种心理负担，它教我反思，教我一再自问：凭什么我可以吃一个鸡蛋？自问的结果是，我那时太自私，太不懂事，我对母亲、大姐、二姐、妹妹和弟弟都心怀愧悔，永远的愧悔。

在母亲最后的日子里，我天天陪伴母亲。我的职业性质使我可以支配自己，有时间给母亲做饭，陪母亲说话。有一天，我终于对母亲把我的愧悔说了出来。我说："那时候我实在不应该一个人吃鸡蛋，过后啥时候想起来都让人心里难受。"我想，母亲也许会对我解释一下让我吃鸡蛋的缘由，不料母亲却说："都是过去的事了，你这孩子，还提它干什么！"

精彩
——赏析——

　　作者曾在故乡之外的广袤天地里闯荡过，所以自初中毕业回乡当农民后，一直渴望再走出农村，为此而郁郁寡欢。有一天，母亲开始每早给作者煮一个鸡蛋吃，那时能吃上鸡蛋是极为奢侈的事，家里只有作者有鸡蛋吃。年少的作者虽然不理解为什么只给自己吃鸡蛋，但却一次次地独自享受。作者回想起自己那时的自私便羞愧不已，"凭什么我可以吃一个鸡蛋"，直到最后也没有从母亲那得到解释。其实，不用母亲解释，作者也理解了母亲的做法，母亲对儿子的爱是深沉的，也是有愧疚的，担心儿子心思太重，因此想用这种方式宽儿子的心。作者的兄弟姐妹是懂事、宽容、善良的，对他也是充满关心的。正因为家人的无私包容，使得作者作为长子，反而有些自私、不懂事。所以，借鉴作者的经历，少年读者们多学会关心身边的人吧。

▶**预测演练二**
·····················

1. 阅读《不让母亲心疼》，回答下列问题。（13分）

（1）九岁的"我"为什么一听就记住了母亲的叮嘱？（2分）

_____

_____

（2）"后来又发生了一件事，我却没能瞒过母亲"，这句话在结构上有什么作用？是如何起到这一作用的？（4分）

_____

_____

（3）"'说是那样说，你在外边受了气，回来还是应该跟娘说一声，你这个傻孩子啊！'母亲把我的头抱住了"，怎样理解此句中母亲流露出的情感？（3分）

_____

_____

（4）"不让母亲心疼"，你不忍心让你的哪位亲人心疼呢？你为什么有这样的感受？请结合你的生活经历，谈谈你的切身感受。（4分）

_____

_____

2. 阅读《那双翻毛皮鞋》，回答下列问题。（13分）

（1）作者在第一段着重描写弟弟的目的是什么？（2分）

_____

_____

（2）请简要分析"从那以后，那双翻毛皮鞋我再也没穿过"的含义。（3分）

_____

_____

（3）文中为什么要写"我"为要回翻毛皮鞋而为自己开脱的两种理由？（4分）

_____

_____

（4）文章最后一句"现在我把我的愧悔对天下人说出来了，心里才稍稍觉得好受一点"有什么深刻含义？（4分）

_____

_____

_____

3. 写作训练。（60分）

"有些事情老也不能忘记，每每记起，似含有提醒和催促之意。提醒，是要人们把该记的事情用笔记下来；催促，是说欠着的东西不可久拖不还……我可不这么认为，不能忘怀的事情自有它沉重的道理在。"

阅读《怎不让人心疼》，记叙一件让你不能忘怀的事情。文体不限。字数：600~1000字。

绿色的冬天

> 每个人对美的感受是不同的，但这都需要我们拥有一双发现美的眼睛，拥有一颗感受美的心灵，如若喜欢写作或者绘画，那对美的呈现便更加深刻了。

　　人们以色彩为四季命名，一般来说，会把春天说成红色，夏天说成绿色，秋天说成黄色或金色，冬天说成白色。这样的说法，强调的是每个季节的主色调。红色，大约指的是春来时盛开的花朵。绿色，当然是指夏季里铺天盖地浓郁得化不开的绿。黄色，是用来描绘稻谷般成熟的颜色，秋天当仁不让。而冬天主要是雪当家，当大雪覆盖一切时，把冬天说成白色的冬天，也是有道理的。

　　的确，在四季分明的我国北方，随着入冬后的冷空气一波接一波袭来，黄叶纷纷落下，只剩下光秃秃的树枝。田里的庄稼收去了，褐色的土地裸露出来。也有一些未及时砍掉的玉米秸秆，在寒风里抖颤，显得有些破败。河塘里结了冰，原本开放活泼的水面成了封闭僵化的状态。大概是热胀冷缩的原因，在冰天雪地里行走的人们，也收着肩，缩着脖儿，似乎一下子矮了不少。人们习惯用一个词形容冬天的气氛，那就是萧杀。词也是有力量的，有杀伤力的，它加重的是冬天的萧杀气氛。一提到萧杀二字，人们几乎不由地打寒噤。

　　那么，幅员辽阔的我国有没有绿色的冬天呢？有的，肯定有的，我今天要说的就是绿色的冬天。有朋友会说，别说了，我知道，你要说的不是海南、云南，就是广东、广西。不是的，我要说的是我的故乡，地处我国腹地的豫东大平原。

　　绿色来自哪里？来自豫东平原大面积播种的冬小麦。

　　豫东平原是我国小麦的主产区之一，据说中国人所吃的三个白面馒头当中，就有一个馒头是用豫东出产的小麦磨成的面粉做成的。我老家在豫东东南部的沈丘县，靠近安徽。我们那里一年种两季粮食，夏季种杂粮，秋季种小麦。杂粮收获之后，乡亲们几乎不给土地以喘气的机会，把土地稍事整理，很快就种上了小麦。不管是哪一块地，也不管那块地上一季种的是玉米、大豆、谷子、红薯等五花八门的杂粮，杂粮一经归仓，接下来播种的粮食整齐划一，必定是小麦。站在河堤上放眼望去，东边是麦地，西边是麦地，南边是麦地，北边也是麦地，一望无际的大平原，到处都是麦地。换一个说法，无所不在的麦绿与你紧紧相随，任你左冲右突，怎么也摆脱不了绿色的包围和抬举。哦，好啊好啊，我想放声歌唱，我眼里涌满了泪水。

　　我当过农民，种过小麦，对小麦的生长过程是熟悉的。小麦刚刚钻出来的嫩芽细细的，呈鹅黄色，如一根根直立的麦芒。麦芽锋芒初试的表现是枪挑露珠。早上到麦地里看，只见每一根麦芽的顶端都高挑着一颗露珠。露珠是晶莹的，硕大的，似乎随时会轰然坠地。可枪刺一样的麦芽把露珠穿得牢牢的，只许露珠在上面跳舞，不许它掉下来。露珠的集体表演使整个麦田变得白汪汪的，如静远的湖泊。

　　过不了几天，麦芽便轻舒身腰，伸展开来，由麦芽变成了麦苗，

143

也由鹅黄变成了绿色。初绿的麦苗并没有马上铺满整个麦田，一垄垄笔直的麦苗恰如画在大地上的绿色的格线，格线与格线之间留下一些空格，也就是褐色的土地。这时节还没有入冬，还是十月小阳春的天气。麦苗像是抓紧时机，根往深处扎，叶往宽里长，很快就把空格写满了。麦苗的书写只有一种颜色，那就是绿，横看竖看都是绿，绿得连天接地，一塌糊涂。我不想用绿色的地毯形容故乡麦苗的绿，因为地毯没有根，不接地气。而麦苗的绿根源很深，与大地的呼吸息息相通。我也不想用草原的绿形容麦苗的绿，草原的绿掺杂有一些别的东西，绿得良莠不齐。而大面积麦苗的绿，是彻头彻尾的绿，纯粹的绿，绿得连一点儿杂色都没有。

麦苗最大的特点是能够抵抗严寒，霜刀雪剑都奈何它不得。霜降之后，挂在麦苗上的不再是露珠，变成了霜花。霜花凝固在麦叶上，或像给麦苗搽了粉，或如为麦苗戴了冰花。粉是颗粒状，搽得不太均匀。冰花的花样很多，有的是六瓣，有的是八角，把麦苗装扮得冰清玉洁。太阳一出来，阳光一照，白色的霜花很快消失，麦苗又恢复了碧绿的面貌。寒霜的袭击不但不能使麦苗变蔫，麦苗反而意气风发，显得更有精神。对麦苗形成持久考验的是冬天的雪。大雪扑扑闪闪地下来了，劈头盖脸地向满地的麦苗扑去。积雪盖住了麦苗的脚面，掩到了麦苗的脖子，接着把麦苗的头顶也埋住了。这时绿色看不见了，无边的绿被无垠的白所取代。麦苗怎么办？面对压顶的大雪，麦苗并不感到压抑，它们互相挽起了手臂，仿佛在欢呼：下吧下吧，好暖和，好舒服！积雪不可能把麦苗覆盖得那么严实，在雪地的边缘，会透露出丝丝绿意，如白玉中的翠。事实与麦苗的感受是一样的，大雪不但构不成对麦苗的威胁，反而使麦苗得到恩惠，每一场雪化之后，麦苗都会绿得更加深沉，更加厚实。除了麦苗，在冬天能抵抗严寒、保持绿色的，还有油菜、蚕豆、蒜苗、菠菜和一些野菜。

我多次在秋后和冬天回老家。从北向南走，渐行渐暖，渐行渐绿。等回到老家，就等于走进了绿色的海洋。每天一大早，我都会沿着田间小路，到麦田里走一走。绿色扑面而来，仿佛连空气都变成了绿色。大概人的生命与绿色有着某种天然的联系，我看绿色的麦苗，老也看不够。我照了一些照片，有远景，有特写，整个画面都是感天动地的绿。

一轮又圆又大的红日从东边升起来了，红日跃上河堤，越过树的枝丫，映得半边天似乎都变成了红的。从自然的生态来说，绿和红总是相伴相生，相辅相成，绿孕育了红，红又点缀了绿。我一时产生了错觉，以为自己是走在春天里。

精彩赏析

本文第一、二段写人们常识中的四季"会把春天说成红色，夏天说成绿色，秋天说成黄色或金色，冬天说成白色"，以及北方冬天的萧杀，来为下文引入主题"绿色的冬天"做铺垫。第三段是一个过渡段，通过设问的方式，点明本文主题"绿色的冬天"，并吸引读者"为什么豫东大平原上有绿色的冬天？"第四至八段，作者详细地描写了豫东平原大面积播种的冬小麦，突出了冬小麦的生长特色，写出了冬小麦用自己独特的品质为冬天增添了绿色。最后两段作者抒发了自己对家乡冬日里这片绿色的感情，一方面感慨这是大自然的馈赠，一方面抒发着对家乡的爱。

赊是一种文化

🌸 心灵寄语

　　现如今，赊是一种文化，也是一种能力。现在生活其实处处充满赊，比如贷款和信用卡，学会使用赊术，是可以创造财富的，这是赊能力的体现。

　　在我国，赊是一个比较特殊的字眼，不是遇到特殊情况，人们很少跟赊打交道。那么，以赊作为地名的城镇有没有呢？有的，南阳的赊店古镇就是一个。多年来，我走的地方不算少了，可我想来想去，在全国范围内，名字带赊的地方只有赊店，独此一家，别无分店。

　　我是通过喝赊店老酒知道赊店的。在我最初的感知里，仿佛赊店就是老酒，老酒就是赊店，二者之间是画等号的。但根据我以往的经验，我知道自己的这种判断是简单的，有些以一概全。酒里得来终觉浅，要想对赊店有所了解，最好还是到赊店实地走一走，看一看。

　　2021年4月下旬，在南阳市的市花月季花盛开时节，我们应《小说选刊》杂志社的邀约，来到了社旗县的赊店古镇。我自以为不是一个言辞夸张的人，可看了赊店古镇，我还是禁不住以吃惊来表达我的心情。恕我的历史知识和地理知识多有盲点，我万万没有想到，赊店在历史上是那样一个繁华昌盛的名镇。在明、清时期，赊店曾与汉口相提并论，有"金汉口，银赊店"及"天下店，数赊店"之说。赊店当时是连接南北水陆交通的枢纽和中转站，商贾云集，商号林立，形成了72条商业街和36条胡同，"南船北马，总集百货，豫南巨镇，九州通衢"，就是对赊店的概括，"白日千帆过，夜间万盏灯"，即是当时的诗意写照。不难想象，当年鲜花着锦、烈火烹油的赊店镇是多么令人向往。

4月24日，好雨发生，赊店古镇笼罩在烟雨之中，正适合人们发思古之幽情。我们打着雨伞，沿着街上带有车辙痕迹、闪着水光的青石板路，任穿越千年的雨点滴滴嗒嗒地打在伞篷上，一直在古街上穿行。我们看了被称为"天下第一会馆"的山陕会馆，看了"全国建筑规模最大的火神庙"，看了"华中第一镖局"，还看了票号、丝绸店、武馆和赊店酒厂窖藏老酒的地方，每到一处，都让人心生感慨，留下难忘的印象。

到了晚上，雨仍在下，空气中弥漫着湿漉漉的花香。在晚间的座谈会上，我着重谈了对赊店的三点感受，也是谈了赊店诸多深厚文化中的三种文化，一是古文化，二是赊文化，三是信义文化。

一个地方的古文化，都是从远古走来的，都有一个不断变化和积累的过程。而不管任何古文化，都应该是有基础、有遗址、有标志的，如果没有这些，举目茫茫，古文化恐怕就不好寻觅。我们在赊店古镇中所见所闻，不管是古塔、古桥、古寺院；还是古楼、古狮、古旗杆，不管是古雕、古井、古戏台；还是古阁、古街、古码头等，等于一直在古风古韵、古色古香中徜徉。我在一条老街的一家文化用品门店看到一副对联，觉得这副对联很能说明赊店古老的文化底蕴。对联的内容是：一砖一瓦皆故事，一景一物尽人文。

再说赊文化。赊店也叫赊旗店，或赊旗镇。关于赊旗是有故事的，来历颇为不凡。当年汉光武帝刘秀在此地起兵反对篡权的王莽，因起事匆忙，不及制旗，临时赊了"刘记"酒家的酒幌作为统兵的旗帜，赊旗店因此而得名，并因刘秀造反成功名声大振，地名沿用至今。刘秀起兵不易，需要得到多方面的支持，他除了在南阳赊旗，说不定还要赊别的东西。所谓赊，是买东西的人急于用某种东西，钱却不凑手，便采取向卖方延期付款的办法，把东西取走先用。久而久之，赊就形成了一种文化。我不懂外文，不知外国有没有赊文化，他们或许有租文化，借文化，但不一定有赊文化。赊文化是中华文化之一种，是我国优秀传统文化的重要组成部分。而赊店无疑是赊文化的最好载体和独特标本。赊店的存在，对于继承和弘扬赊文化有着不可替代的作用。

这天早上，我一大早起床，一个人到街上转了转。看到一街两行的古代建筑和一家挨一家的商业店堂，不知为何，我竟想到了《金瓶梅》里所描绘的市井繁华景象。以前每个朝代都有自己的鼎盛期，繁华期，但明代的赊店不管有多么繁华，恐怕都比不上当今我们的时代吧。身在赊店为赊客，到街上转的目的，我主要想看看赊店的赊文化是不是还保留着，延续着。在我的老家，我看到不少小卖店里都写有"概不赊账"的字样，似乎已与赊文化告别，普遍实行的是一手交钱、一手交货的两不赊买卖。我看到一家馍店早早开了门，就在馍店门口停住了脚步。馍店里的案板上放着一些白色的泡沫塑料盒子，盒子里放着刚出锅的蒸馍，那些蒸馍又圆又大又白，正冒着腾腾的热气。一闻到热蒸馍的麦香，我就想起在河南老家过大年吃白馍的味道。一位少妇从门里迎了出来，问我是不是要买馍？我夸她的馍很好，问她是不是用传统的发酵方法发起来的？她说是的。于是我就问她："现在买馍还能赊吗？"她的回答让我满意，说当然能赊，问我赊几个？说着拿过一个塑料袋子，准备往里面装馍。

我的回答让她不大满意，我说："我只是看看，问问。"她说："净浪费时间。"

这就说到信义文化了。古文化、赊文化，与信义文化密不可分，可以说前两种文化都是在信义文化的基础上建立起来的，没有信义文化，前两种文化就不能成立。拿山陕会馆这座古建筑来说，它是由山西、陕西二省的商人集资兴建的，前后经历了清朝的六代皇帝，共兴建了136年。时间跨度这么长，会馆建设没有半途而废，应该说信义文化和契约精神起了决定性的作用。赊文化就更不用说了，如果给赊文化换一个说法，它本身就是信义文化，有信义才有赊，不讲信义天下无赊。一个人背信弃义，恐怕谁都不会把商品赊给他。

现在物质丰富了，人们的钱包大都鼓起来了，赊东西的人越来越少。但这不等于赊文化就过时了，信义文化不过时，赊文化就不会过时。我国的二十四字社会主义核心价值观中，有一种价值叫诚信，其意义应该说与信义文化一脉相承。我们在弘扬诚信这种价值观时，自然而然就会将赊文化、信义文化与诚信文化挂起钩来。

精彩
—赏析—

现如今不少店里都写有"概不赊账"的字样，几乎不再赊账了。赊文化几乎成为过去式了，不过在作者笔下有这样一个地方还保留着、延续着赊文化，那就是南阳的赊店古镇。作者首段以"赊"字引出赊店古镇，之后从"认识赊店—亲临赊店—感受赊店文化—详谈赊文化—验证赊店的赊文化"这五个方面，向我们展现了赊店古镇的特色，以及延续和保留的赊文化。文章最后作者将赊文化、信义文化与诚信文化挂起钩来，说明信义文化不过时，赊文化就不会过时。

野生鱼

🌸 **心灵寄语**

> 　　人类对自然的任何伤害最终都会伤及人类自身，这是不可抗拒的规律，所以保护生态环境是人类必须严肃面对的问题。

　　我老家那地方河塘很多，到处都是明水。河是长的，河水从远方流过来，又向远方流过去。塘的形态不规则，或圆或方。塘里的水像镜面一样，只反光，不流动。有水就有鱼，这话是确切的，或者说曾经是确切的。至少在我还是一个少年的时候，我们那里水里有鱼。那些鱼不是放养的，都是野生野长的野鱼。野生鱼也叫杂鱼，种类繁多，难以胜数。占比率较多的，我记得有鲫鱼、鲇鱼、黑鱼、鳜鱼、嘎牙、窜条，还有泥鳅、蚂虾、螃蟹、黄鳝等等。既然是野生鱼，它们就没有主家。野草谁都可以薅，野兔谁都可以逮，野生鱼呢，谁都可以钓，可以摸。

　　下过一两场春雨，地气上升，塘水泛白。我便找出钓竿，挖些红色的蚯蚓，到水边去钓鱼。我的钓竿是一根木棍，粗糙得很，说不上有什么弹性，但这丝毫不影响我对钓鱼的兴致，我在春水边一蹲就是半天。芦芽从水里钻出来了，刚钻出水面的芦芽是紫红色，倒影是黑灰色。岸边的杏花映进水里，水里一片白色的模糊。有鱼碰到芦芽了，或是在啄吃附着在芦芽上的小蛤蜊，使芦芽摇出一圈圈涟漪。涟漪在不断扩大，以致波击到了我的鱼漂。鱼漂是用蒜白做成的，灵敏度很高，稍有动静，鱼漂就颤动不已。这时我不会提竿，有前来捣乱的蜻蜓落在钓竿的竿头，我仍然不会提竿，我要等鱼漂真正动起来。经验告诉我，钓鱼主要的诀窍就是一个字，那就是等。除了等，还是等。你只要有耐心，善于等，水底的鱼总会游过来，总会经不住诱饵的诱惑，尝试着咬钩。不是吹牛，每次去钓鱼，没多有少，我从没有空过手。当把一个银块子一样的鱼儿提出水面的一刹那，鱼儿摆着尾巴，弯着身子，在使劲挣扎。鱼儿挣扎的力道通过鱼线传到钓竿上，通过钓竿传到我手上，再传到我心里，仿佛一头是鱼儿，一头是心脏，鱼儿在跳，心比鱼儿跳得还快，那种激动的心情实在难以言表。

　　钓鱼上瘾，夏天我也钓鱼。一个炎热的午后，知了在叫，村里的大人们在午睡，我独自一人，悄悄去村东的一个水塘钓鱼。那个水塘周围长满了芦苇，芦苇很高，也很茂密，把整个水塘都遮住了，从外面看，只见苇林，不见水塘。我分开芦苇，走到塘边，往水里一看，简直高兴坏了。一群鲫鱼板子，大约有几十条，集体浮在水的表面，几乎露出了青色的脊背，正旁若无人地游来游去。这种情况，被大人说成是鱼晒鳞。对不起了，可爱的鲫鱼们，趁你们出来晒鳞，我要钓你们。我把鱼漂摘下来，把包有鱼饵的鱼钩直接放到了鱼面前。鲫鱼倒是不客气，我清楚地看见，一条鲫鱼一张嘴就把鱼钩吃进嘴里。我眼疾手快，手腕一抖，往上一提，就把一条大鲫鱼板子钓了上来。当我把一条鲫鱼从鱼的队伍里钓出来时，别的鱼都有些出乎意料似的，一哄而散，很快潜入水底。鲫鱼的智力还是有问题，我刚把鱼钩从鲫鱼嘴上取下来，那些鲫鱼复又聚拢在一起，浮上来，继续款款游动。我如法炮制，很快又把一条鲫鱼钓了上来。那天中午，我钓到了十几条又白又肥的鲫鱼。

除了钓鱼，我还会摸鱼。摸鱼是盲目的，等于瞎摸。是呀，我把身子缩在水里，水淹到嘴巴下面，留着嘴巴换气，水里什么东西都看不见，全凭两只手在水里摸来摸去，不是瞎摸是什么！再说，水是鱼的自由世界，人家在水里射来射去，身手非常敏捷。而人的手指头远远赶不上鱼游的速度，要摸到鱼谈何容易！哎，您别说，只要我下水摸鱼，总会有倒霉的鱼栽到我手里。

我在村里小学上二年级的时候，一天下午，老师带我们到河堤上去摘蓖麻。蓖麻是我们春天种的，到了夏末和秋天，一串串蓖麻成熟了，就可以采摘。那天天气比较热，摘了一阵蓖麻后，老师允许我们男生下到河里洗个澡。男孩子洗澡从来不好好洗，一下水就乱扑腾一气。正扑腾着，一个男生一弯腰就抓到了一条鲫鱼。那条鲫鱼是金黄色，肚子一侧走着一条像是带荧光的银线，煞是漂亮。男生一甩手，把鲫鱼抛到了岸边。鲫鱼跳了几个高，就不跳了，躺在那里喘气。见一个男生抓到了鱼，我们都开始摸起鱼来。河里的野生鱼太多了，不是我们要摸鱼，像是鱼主动地在摸我们。有的调皮的小鱼甚至连连啄我们的腿，仿佛一边啄一边说："来吧，摸我吧，看你能不能摸到我！"有的男生不大会摸鱼，他们的办法，是扑在水浅的岸边，用肚皮一下一下往岸上激水。水被激到岸上，水草里藏着的鱼也被激到了岸上。水像退潮一样退了下来，光着身子的鱼却留在了岸上，他们上去就把鱼摁住了。那次我们在水里扑腾了不到半小时，每人都摸到了好几条鱼。我摸到了鲫鱼、鳜鱼，还摸到了一条比较棘手的嘎牙。嘎牙背上和身体两侧生有利刺，在水中，它的利刺是抿着的。一旦捉到它，把它拿出水面，它的利刺会迅速打开，露出锋芒。稍有不慎，手就会被利刺扎伤。有人摸到嘎牙，为避免被利刺扎伤，就把嘎牙放掉了，我摸到嘎牙就不撒手，连同裹在嘎牙身上的水草，一块儿把嘎牙拿出水面，抛在岸上。嘎牙张开利刺，吱吱叫着，很不情愿的样子，但已经晚了。

现在我们那里没有野生鱼了，河里塘里都没有了。有一段时间，小造纸厂排出的污水把河水塘水都染成了酱黑色，野生鱼像受到化学武器袭击一样，统统都被毒死了，连子子孙孙都毒死了。我回老家看过，我小时候钓过鱼的水塘，黑乎乎的水里扔着垃圾，沤得冒着气泡。气泡炸开，散发的都是难闻的毒气。这样的水别说野生鱼无法生存，连水草和生命力极强的芦苇都不长了，岸边变得光秃秃的。

不光是野生鱼，连一些野生鸟和野生的昆虫，都变得难以寻觅。以前，我们那里的黄鹂子和赤眉鸟是很多的，如今再也见不到它们的踪影，再也听不到它们的歌声。蚂蚱也是，过去野地里的各色蚂蚱有几十种，构成了庞大的蚂蚱家族。农药的普遍使用，使蚂蚱遭到了灭顶之灾。

我想，也许有一天，连被我们称为害虫的老鼠、蚊子、蟑螂等也没有了，地球上只剩下我们人类。到那时候，恐怕离人类的灭亡就不远了。

精彩 赏析

作者先是详写了少年时期家乡的野生鱼品种繁多，以及在家乡捕捉野生鱼的快乐经历，描画了人与自然和谐相处的美好图景。后文叙述了自然环境遭受人为的严重破坏，导致野生物绝迹，野生鱼没有了。这种写法形成了鲜明的"对比反差"，自然而然地引发读者跟随作者的笔墨，进行反思："也许有一天……地球上只剩下我们人类。到那时候，恐怕离人类的灭亡就不远了！"从而突出了人类要重视保护自然生态环境的主题。

端 灯 /

> 尽管世界很大、时光易逝，在我们心灵的一角始终装载着童年的故事，或喜或悲，或甜或苦。愈是长大，那些童年故事愈是清晰深刻。

从童年到青年，我在河南农村老家生活了十九年。在我离开老家之前，我们家照明一直使用煤油灯。这种灯是用废旧墨水玻璃瓶制成的，瓶口盖着一个圆的薄铁片，铁片中间嵌着一根细铁管，铁管里是草纸或棉线做成的灯捻子，煤油通过灯捻子沁上去，灯就可以点燃了。在我的印象里，我们家的灯头总是很小，恐怕比一粒黄豆大不了多少。"黄豆"在灯口上方玩杂技般地顶着，颤颤的、摇摇的，像是随时会滚落，灯像是随时会熄灭。可灯头再小也是灯，它带给我们家的光明是显而易见的。吃晚饭时，灶屋里亮着灯，我们才能顺利地走到锅边去盛饭，饭勺才不至于挖到锅台上。母亲在大雪飘飘的冬夜里纺线，因灯在地上的纺车怀里放着，我们躺在床上，能看到纺车轮子的巨大影子在房顶来回滚动。

关于灯，我还听母亲和姐姐说过一些谜语，比如：一头大老犍，铺三间，盖三间，尾巴还在门外边。再比如：一只黑老鸹，嘴里衔着一朵小黄花，灯灯灯，就不对你说。这些谜语都很好玩，都够我猜半天的，给我的童年增添不少乐趣。

最有趣的事情要数端灯。

为省油起见，我们家平日只备一盏灯。灯有时在灶屋用，有时在堂屋用；有时在外间屋用，有时在里间屋用，这样就需要把灯移来移去，移灯的过程就是端灯的过程。从外间屋往里间屋端灯比较容易，因为屋里没风，不用担心灯会被风吹灭。而从灶屋往堂屋端灯就不那么容易了。我们家的灶屋在堂屋对面，离堂屋有二十多米远。从灶屋把灯端出来，要从南到北走过整个院子，才能把灯端到堂屋。当然了，倘是把灯在灶屋吹灭，端到堂屋再点上，这是轻而易举的事。可如果那样的话，就没什么可说的了。关键是要把明着的灯从灶屋端到堂屋，而且是日复一日、年复一年地从不间断，这就让人难忘了。

一开始，我并不知道母亲这样端灯是为了每天省下一根火柴，我是用游戏的眼光看待这件事情，觉得母亲大概是为了好玩，为了在我们面前显示她端灯的技术。的确，母亲端灯的技术是很高明的。她一只手瓦起来，遮护着灯头，一只手端着灯瓶子，照直朝堂屋门口走去。母亲既不看灯头，也不看地面，眼睛越过灯光，只使劲向堂屋门口的方向看着，走得不急不缓，稳稳当当。这时灯光把母亲的身影照得异常高大，母亲仿佛成了顶天立地的一位巨人。母亲跨进堂屋的那一刻，灯头会忽闪几下，但它终究没有灭掉，灯的光亮得到了延续。

刮风天或下雪天，端灯要困难一些。母亲的办法是解开棉袄大襟子下面的扣子，把灯头掩藏在大襟子里面，以遮风蔽雪。风把母亲的头发吹得飘扬起来，雪花落在母亲的肩头，可小小的灯头却在母亲怀里得到了很好的保护。

我的大姐和二姐也会端灯，只是不如母亲端得好。她们手上端着灯，脚下探摸着，走得小心翼翼。她们生怕脚下绊上盛草的筐子、拴羊的绳子，或是我们家堂屋门口的那几层台阶。要是万一摔倒了，不光灯要灭，煤油要洒，说不定整个灯都会摔碎。那样的话，我们家的损失就大了。我注意到，大姐和二姐端灯时，神情都十分专注、严肃，绝不说话，更不左顾右盼。她们把灯端到指定位置，手从灯头旁拿开，脸上才露出轻松的微笑。

我也要端灯。在一次晚饭后，锅刷完了，灶屋的一切都收拾利索了，我提出了端灯的要求，并抢先把灯端在手里。大姐、二姐都不让我端，她们认为，我出门走不了几步，灯就得灭。我不服气，坚持要端。这时候，我仍不知道把灯端来端去的目的是节省火柴。最终母亲发话，让我端一下试试。

我模仿大姐、二姐的姿势，先把端灯的手部动作在灶屋里做好，固定住，才慢慢地向门外移动。我觉得院子里没什么风，不料一出门口，灯头就开始忽闪。我顿感紧张，赶紧停下来看着灯头，照顾灯头。我的眼睛一看灯头不要紧，四周黑得跟无底洞一样，什么都看不见了。待灯头稍事稳定，我继续往前走时，禁不住俯头瞅了一下地面。地面还没瞅到，灯头又忽闪起来，这次忽闪得更厉害，灯头的小腰乱扭一气，像是在挣扎。我哎着哎着，灯头到底还是没保住，一下子灭掉了。

大姐埋怨我，说："你看你看，不让你端，你非要端，又得费一根火柴。"

直到这时我才明白，端灯的事是和节省火柴联系在一起的。母亲没有埋怨我，而是帮我算了一笔账：如果我们家每天省一根火柴，一月就能省三十根，一盒火柴二分钱，总共不过五六十根，省下三十根火柴，就等于省下一分钱。一分钱是不多，可少一分钱人家就不卖给你火柴啊！听了母亲算的账，我知道了端灯的事不是闹着玩的，它是过日子的一部分。我们那里形容一个人会过日子，说恨不能把一分钱掰成两半花。而我们的母亲呢，却把一分钱分成了二十半、三十半，每一半都代表着一根火柴。我为自己浪费了一根火柴深感惭愧。

我感到欣慰的是，后来我终于学会了端灯。当我第一次把燃着的灯完好地从灶屋端到堂屋时，那种油然而生的成功感是不言而喻的。

精彩赏析

总有一些记忆，不会随着时间流逝而变得模糊，也不会因为成长而被遗忘，相反，那些或喜或悲、或值或悔的记忆会随着时间和成长变得越来越清晰。作者用真挚、朴实的语言，向我们讲述了童年时候端灯的故事，尽管是一件小事，但对家庭的意义却不一样——端灯的事是和节省火柴联系在一起的，因此作者记忆深刻。"端灯"这个故事充满了时代意味，是作者儿时艰苦、贫穷的时代生活造成的。对比现今的生活，儿时发生的事显得更加遥远和深刻。

挑　水

> 　　做人如挑水，即便身负重担，也要一步步地往前走，每一脚都要踩结实。还要掌握好平衡，掌握不好就难免水洒人跌，前功尽弃。

　　在我少年时候的印象里，挑水对我们家来说是个很大的负担。

　　我们院子里住着好几户人家，共用一副水筲。水筲是堂叔家的。谁家需要挑水，把水筲取来，挑起来就走。很长一段时间，我都不知道水筲是堂叔家的，还以为是我们家的呢。水筲是用柏木做成的，上下打着好几道铁箍，筲口穿着铁系子。加上水筲每天都湿漉漉的，水分很足，所以水筲本身就很重，一副水筲恐怕有几十斤。水筲里盛满了水就更重，一担水至少要超过百斤，没有一把子力气是挑不动的。

　　挑水的担子是特制的，两端镶有固定的铁链子和铁钩儿，它不叫扁担，叫钩担。用钩担和水筲挑水，对人的身高也有要求，如果达不到一定的高度，就不能把水筲挑离地面。

　　我们家离水井不近，水井在村南，我们家在村北，挑一担水要来回穿过整个村街。

　　水是必需品。做饭、刷锅、喂猪，都用水。洗菜、洗衣、洗脸，也离不开水。我们家每天都要用一担到两担水。

　　父亲活着时，我们家用水都是父亲挑。父亲挑水当然不成问题。父亲挑着空水筲往院子外面走时，水筲的铁系子咿呀咿呀响。父亲挑了重水筲回家，铁系子就不响了，变成了父亲的脚响。父亲的大脚踩在地上嚓嚓的，节奏感很强，像是在给忽闪忽闪的钩担和水筲打拍子。父亲逝世后，母亲接过了挑水的担子。母亲挑水就不那么轻松，每次挑水回来，母亲都直喘粗气。后来生产队为了照顾我们家，就让母亲参加男劳力干活儿，以多挣工分。繁重的劳动每天都把我们的母亲累得精疲力尽。有时母亲还要出河工，吃住在挖河的工地。家里还有年迈的祖父，还有我们姐弟六人，日子还得过下去。于是就轮到我大姐试着挑起了挑水的担子。

　　那时大姐不过十三四岁，身子还很单薄，那样大的水筲对大姐来说显得过于沉重了。可我们家没钱买小铁桶，瓦罐子又太容易破碎，只能用水筲挑水。我们那里把钩担两端的铁链子和铁钩儿叫成钩担穗子。钩担的穗子长，大姐的个子低，大姐挑不起水筲怎么办呢？大姐就把钩担穗子挽起来，把铁钩倒扣在钩担上，这样大姐才能勉强把一对水筲挑起来。用钩担把水筲系进井里打水也不容易，技术上要求很高，需要把水筲在水面上左右摆动，待筲口倾斜向水面，猛地把水筲扣下，才能打到水。这全靠手上的寸劲儿，摆得幅度不够，水筲就只能漂在水面。摆动太大，或往下放松太多，铁钩会脱离水筲的铁系子，致使水筲沉入井底。那样麻烦就大了。大姐第一次去挑水，我担心她不会摆水，担心她会把水筲丢进井里。还好，大姐总算把水挑回来了。大姐走一阵，停下来歇歇，再走。水挑子压力太大，大姐绷着劲，绷得满脸通红。大姐把前后水筲的平衡掌握得不是太好，前面碰一下地，后面碰一下地。水筲每碰一下地，水就洒出一些。等大姐把水挑进灶屋，满筲水只剩半筲了。

干天干地还好一些，遇上下雨下雪，大姐去挑水就更困难。我们那里是黏土地，见点水，地就变得稀烂，泥巴深得拽脚，大姐每走一步都要付出加倍的力气。在这种情况下，大姐仍要去挑水。在雨季，我常常看见大姐赤着脚把水挑回来，身上的衣服也湿透了。而在雪天，大姐出门就是一身雪，水挑回来时，连水筲里都漂着雪块子。按说可以在好天好地时把水储存下一些，可我们家唯一的一口水缸盛粮食用了，我们家用水都是随用随挑。有时挑来的水还没用完，邻家又要用水筲去挑水，大姐就把剩余的水倒进一只和面用的瓦盆里。瓦盆不大，容积很有限。

秋季的一天，下着小雨。大姐去挑水时，小雨把钩担淋湿了。钩担经过长期使用，本来就很滑手，一淋了雨，钩担就更滑，简直像涂了一层油。大姐在水井里把水筲淹满了水，却提不上来了。连着两三次，大姐把水筲提到井筒半腰，手一滑，水筲又出溜下去。最后一次，大姐半蹲着身子，咬紧牙关，终于把水筲提出了井口。就是那一次，大姐由于用力太过，感到了身体不适。那天把水挑回去后，大姐哭了。她想到了她的今后，伤心伤得很远。从那以后，大姐每次去挑水都很畏难。特别是一到雨天，大姐更不愿去挑水。

好在我二姐顶上来了，二姐身体比较结实，人也争强，二姐把挑水的事承担下来。

随着我逐渐长大，似乎该由我挑水了，因为我是我们家的长子。可是，母亲一直不让我挑水。母亲明确说过，她怕我挑水太早，压得长不高，以后不好找对象。母亲怕我长不高，难道就不怕大姐、二姐长不高吗？母亲不让我挑水，显然是出于对我的偏心。我注意到，我的大姐、二姐也从来不攀着我挑水。她们都有不想挑水的时候，为挑水的事，她们之间有时还闹点小小的矛盾，但她们从来没提过该轮到我去挑水了。

想来主要是我不够自觉，也比较懒，反正我挑水挑得极少。

关于挑水的一些事情，我当时并不完全知情，一些细节是后来听母亲和大姐、二姐说到的。她们是以回忆的口气说过去的事，那时她们早就不必挑水了，早就把担子从肩上卸下来了。可我听得心里一沉，像是重新把挑水的担子挑了起来。我想把担子卸下来就不那么容易了。

精彩赏析

挑水是一项十分吃苦力的活儿，这项苦力活儿在进入 21 世纪以来，几乎已被千管万络的自来水系统所取代了。因此现今很少能看到挑水，甚至尝试挑水了。作者回忆了儿时家里的一大重活：挑水。作者先是详细描述了挑水工具水箪，而后写父亲和母亲挑水时的艰难，为后文写大姐、二姐挑水作铺垫，突出大姐、二姐承担起家庭的重担，既懂事，又令人心疼。最后作者引回自身，因为母亲的偏心，作为男子汉，作者没有担起这项重任，以至于成年后格外后悔，自觉对家庭承担的责任太少了。这个故事一方面揭示了当时人们重男轻女的观念非常强烈，另一方面也说明溺爱会让孩子缺乏责任感。

卖烟叶儿

> 不是谁都会卖东西，但人生总可以去尝试，无论成功与失败，终归是一段难忘的、有意义的经历。

不是谁都会卖东西，我在卖东西方面就很无能。

记得上初中一年级的时候，我到集上卖过一次烟叶儿。那是一次失败的经历，至今想起来仍让我感到惭愧。

新学期开始了，我还没有交学费。班主任老师在课堂上讲，哪些同学的学费还没交，尽快交一下。老师虽然没有点我的名，我知道还没交学费的同学中有我一个。拖过初一，拖不过十五，交学费的事是拖不掉的。老师催我，我就回家催母亲。母亲决定，让我自己到集上去卖烟叶儿，用卖烟叶儿换来的钱去交学费。

平日里，我需要买一张白纸钉作业本，或买别的学习用品，母亲都是拿鸡蛋换钱给我。当时一个鸡蛋才能卖三分钱，母鸡又不能保证每天都能下一个蛋，交学费所需的钱比较多，要是等到把鸡蛋攒得足够多再卖钱交学费，母鸡的功德是圆满了，我的学也别上了。以前，家里需要给我交学费时，母亲都是卖粮食，卖小麦或者卖豆子。这一次母亲舍不得卖粮食了，拿烟叶儿代替粮食。

　　我们家的屋子后面，有一片空着的宅基地。那片地种别的东西都长不住，不够鸡叨猪拱的，唯有种辛辣的、具有自我保护能力的烟叶儿，才会有所收成。母亲把肥厚的、绿得闪着油光的烟叶儿采下来，用麻经子拴成串儿，挂到墙上晒干。然后把又干又黄的烟叶儿扎成等量的几把儿，放在篓子里储藏起来。我父亲1960年去世后，家里没有人再吸烟。烟又不能当饭吃，母亲种烟，看的是它的经济价值，目的就是为了卖钱。

　　我说："我不会卖。"

　　母亲说："你都上中学了，难道连个烟叶儿都不会卖吗？不会卖，就别上学了！"

　　那天是个星期天，母亲和大姐、二姐天天在生产队里出工，挣工分，她们根本没有星期天的概念。学不能不上，我只好硬着头皮，把拿烟叶儿换学费的任务承担下来。

　　每把烟叶儿的价钱都一样，母亲跟我说了定价，叮嘱我要把价钱咬住，少于这个价钱就不卖。母亲有些不放心似的问我："记住了？"

　　我点点头，表示记住了。

　　集上总是很热闹，我喜欢赶集。但我以前赶集，都是看别人卖东西，自己从来没卖过东西，也没有想过有朝一日我也会到集上卖东西。我用母亲做饭时穿的水裙，兜着六把烟叶儿，来到离我们村三里之外的集上。我有些羞怯，还有些莫名的紧张。我找到街边地摊儿之间的一个夹缝，把水裙铺在地上，把烟叶儿露出来。街上人来人往，熙熙攘攘，我不敢看人，退后一点站着，只低头看着放在脚前地上的烟叶儿。我家的烟叶儿当然很好，焦黄焦黄的，是熟金一样的颜色。随便揪下一片，揉碎放进烟袋锅儿里，点火就可以吸。

可我心里却在打鼓，烟叶儿有没有人买呢？

一个老头儿过来了，他叫我学生，问烟叶儿多少钱一把儿。我说了价钱。他问了少了卖不卖？我说不卖。他就走了。

一个妇女过来了，她叫我这小孩儿，问烟叶儿多少钱一把儿。我说了价钱。她问少了卖不卖？我说不卖。她也走了。

好不容易等来两个问价钱的人，他们问了价钱就走了。是不是母亲把价钱定高了呢？要是烟叶儿卖不掉怎么办呢？我开始有些着急。烟叶儿是很焦，但我心里好像比烟叶儿还焦。

这时旁边有一个卖包头大白菜的大叔似乎看出了我的焦急，对我说："你得吆喝，不会吆喝可不中。"说着，给我做示范似的大声吆喝：卖白菜了，瓷丁丁的大白菜，往地上一砸一个坑，买一棵顶两棵！

我哪里会吆喝！我会唱歌，我会在课堂上喊起立，坐下，让我吆喝卖烟叶儿，我可吆喝不出来。大叔吆喝之后，眼看买他白菜的人果然比刚才多。我要是吆喝一下，也许注意到我的烟叶儿的赶集者也会多一些。可是，我就是张不开口，也不知道吆喝什么。

太阳越升越高，我的烟叶儿一把儿都没卖掉。我那时耐心还不健全，钓起鱼来还算有点儿耐心，卖起东西来耐心就差远了。我想如果再等一会儿烟叶儿还卖不掉，我就不卖了，把烟叶儿原封不动地提溜回家。回家后我会跟母亲赌气，不再去上学，看母亲怎么办！

这时那个把我叫小孩儿的妇女又转了回来，她蹲下身子，一边用手摸烟叶儿，一边跟我讲价钱，她说便宜点儿吧，如果便宜点儿，她就买一把儿。还说卖东西不能太死性，不能把价钱咬死，那样的话，到散集东西都卖不掉。她讲的价钱和我母亲定的价钱，每把儿烟叶儿少了五分钱。这一次我没有说不卖，我皱起眉头，有些犹豫。

见妇女跟我讲价钱，又过来一个男的给妇女帮腔，说："卖吧卖吧，你要是便宜卖，我就买两把儿。"他把我叫成男子汉，说一个男子汉，要自己拿主意，办事要果断。

我怎么办？我的头有些发蒙，不知道主意在哪里。我不敢说同意，也不敢说不同意。我要是同意卖呢，就等于没听母亲的话，没把价钱咬住。要是不同意卖呢，我担心如果再错过机会，烟叶儿真的就卖不掉，学费就交不成。

那个男的大概看出了我的犹豫，他把两把儿烟叶儿抓在手里，开始按他们讲的价钱给我付钱，说好了，收钱吧。

我真傻，我像没见过钱似的，竟把钱接了过来。这一收钱不要紧，那个妇女也要了两把儿烟叶儿，按她讲的价钱给我付了钱。他们讲的价钱是强加给我的，但我没有坚持母亲给我的定价，等于做出了让步。不知从哪里又钻出两个人，他们像抢便宜似的，买走了最后两把烟叶儿。

当六把儿烟叶儿全部被人拿走，地上只剩下水裙时，我才意识到坏了，我做下错事了。一把烟叶儿少卖五分钱，六把烟叶儿就少卖了三毛钱。三毛钱在当时可不算个小钱，十个鸡蛋加起来才能卖这么多钱啊！母亲知道我少卖了这么多钱，不知怎么生气呢，不知怎么吵我呢！

母亲是有些生气，但并没有怎么吵我。母亲说："你这孩子，耳朵根子怎么那么软呢！"

从那以后，母亲再也没让我到集上卖过东西。

精彩
——赏析——

　　本文讲述了作者第一次赶集卖东西的故事。故事开头先是讲了作者卖烟叶儿的原因——挣钱、交学费，接着详写了作者赶集卖烟叶儿的过程："我不敢看人，退后一点站着，只低头看着放在脚前地上的烟叶儿"，写出了作者的羞怯和紧张；"烟叶儿是很焦，但我心里好像比烟叶儿还焦"，写出了作者看到烟叶儿卖不掉的焦急心情；"太阳越升越高，我的烟叶儿一把儿都没卖掉"写出了烟叶儿卖不掉，作者越来越急躁，为后文稀里糊涂地卖掉烟叶儿埋下伏笔；"这一次我没有说不卖，我皱起眉头，有些犹豫"写出了作者开始犹豫，没有咬定母亲定下的价格，也因此被购买者钻了空子，以至于最后"被迫"每把儿便宜了 5 分钱卖掉了烟叶儿。最后作者意识到自己少卖了钱，后悔已经晚了。作者将第一次卖东西的经历娓娓道来，让读者感受到了作者的羞怯、紧张和慌乱，极大地引起共情。

———————————

卖 书

🌸 **心灵寄语**

　　万事不可强求，得认命，命中有时终须有，命中无时莫强求。心态放开了，万事也就无所畏惧了。

　　上次我写过一篇《卖烟叶儿》，意思是说我不会叫卖，不善讲价钱，卖东西只能是吃亏。我拿烟叶儿说事儿，背后的话是想说，除了卖烟叶儿，我什么东西都不会卖，包括卖书。有了那篇东西，这篇小文不写也可以。可不写又觉得不尽意，还是把卖书的事儿也写一写吧。

　　我 1972 年开始写小说，写了四十多年，出了五十多本书。书有商品属性，也要拿到市场上去卖。回忆起来，我曾参与卖过两次书，一次是卖我的中短篇小说集《遍地白花》；还有一次是卖我的长篇小说《红煤》。

　　这两次参与卖书，也不是我自己要卖，是出版方安排我到书店签售。出版社为你出了书，希望你能够配合书的宣传推广工作，以期取得好一点的效益，你不配合也不好。《遍地白花》是作为"作家档案丛书"之一种出版的，那套丛书的第一辑一共出了十位作家的作品集，我记得有林希、贾平凹、阎连科、周大新、阿成、毕飞宇等人的。应该说那套书的创意很不错，书做得也很讲究。书里收录了作者的处女作、代表作、有争议的作品，还收录了作家所出版的作品目录、作家创作经历的大事和一些老照片，的确具有回顾和"档案"的性质。反正我对自己的那本书是满意的，愿意把书带回老家，分发给兄弟姐妹们看。书出版之后，出版社的领导把作家们召集到北京，在出版社的编辑部举行了一个首发式，还开了一个座谈会。之后，作家们便转移阵地，到王府井新华书店进行签售活动。

该书店是北京一家老牌子的书店，书店营业面积大，书的品种齐全，去那里买书的人历来很多。我想，我们一帮人去那里签售，会不会给书店带去一番热闹呢？会不会对书店当日的营业额有所提升呢？我不止一次看过晚报的报道，说某作家到某书店签名售书，读者排队排得很长，以致作家签名签得手腕都疼了。我虽然不敢奢望出现那样的场景，但我们一下子去了那么多人，总该有一些集体效应吧！结果不但"排长队"和"手腕疼"的场景没有出现，让我始料不及的是，签售现场是那样的冷冷清清。我一本书没签不用说了，别的几位作家也就是签三五本就完了。书店里人来人往，我们坐在那里有些尴尬，脸上都有些挂不住。有的作家到门外抽烟去了，有的作家开始溜号。此处不可久留，见别人溜，我也开溜。我溜得有些灰溜溜的。

事后我有不服气的地方，也有想不明白的地方。要说我的粉丝不多，在读者中没什么号召力，我承认。可我们其中的一些作家，粉丝是很多的，在读者中是很有号召力的，那天他们为什么也没得到读者的拥护呢！是不是因为我们去的人太多了，反而分散了读者的注意力，使读者一时失去了选择的方向呢？

签售《红煤》的地点，是在郑州的一家大型图书商城。之所以专程从北京到郑州，出版方考虑的是，我的老家在河南，我写的多是家乡的故事，我在河南的读者或许会多一些。一路上，我心里有些打鼓。说实在话，对于我在河南的读者是不是多一些，我心里一点儿底都没有。再说，一个没什么大本事的人，写点儿东西是我的爱好，是我个人的事，我并不想让过多的家乡人知道我的写作生活。出版方当然希望我的名气越大越好，而我对所谓名气持的是保守的态度。

图书商城的准备工作是充分的，他们在当地的媒体发了签售预告，在签售现场扯了条幅，摆了桌子，桌子旁边摞了一大摞《红煤》。他们精心把《红煤》摞成螺旋状，使一堆书呈现的是上升的趋势。我估计，这一堆书至少有二百本。这本书的装帧很不错，紫红色的底子烘托着两个黑色的大字。书名是贾平凹兄帮我题写的，印在书的封面上有凸起的效果。用手一抚摸，仿佛书上真的镶嵌有两块乌金一样。商城承办这样的活动，当然会有商业方面的考虑，会有经济效益方面的预期。然而，真的对不起，我让老乡们失望了。我记得很清楚，只有六位买书人让我给他们签了名，此后，再没有人买我的书。有人拿起书翻了翻，似乎还没看到"煤"和"挖煤人"之间的联系，就把书放下了。还有人把坐在桌后的我，和条幅上我的名字对照了一下，好像仍不知道我是谁，便径直走了过去。我一个人坐在那里很不舒服，不知道自己在干什么。我想起少年时代一次到集上卖烟叶儿的事。烟叶儿里含有尼古丁，是真正的毒草，别人不愿意买是对的。可我的书里一点毒素都没有，别人怎么也不愿意买呢！我还想起那次在王府井新华书店的集体签售活动，那次买我们书的人虽然也不多，也让我们觉得有些尴尬，但有朋友们互相遮着，大哥别说二哥，谁都不必把责任揽在自己头上。这次情况不同些，这次我唱的是独角戏，观众买不买账，责任只能由我一个人承担。想溜是不可能了，我只有硬着头皮，在那里干坐着。人说求人难，没想到卖书也这么难。那一刻，我觉得自己有些可怜巴巴，真正体会到了如坐针毡的滋味。

让我现眼的事还在后面。定是在媒体上看到了信息，我的一个在郑州打工的堂弟和一个在郑州做生意的亲戚，到签售现场看我去了。他们大概以为我干的是一件露脸的事，就去给我捧场。他们的出现，着实让我吃惊不小，我暗暗叫了一声坏了，这一次现眼算是现到家了。不过，他们去看我也有好处，我可以和他们说说话，问问老家的一些情况，总比我一个人在那里干坐着好一些，时间上也会好熬一些。

不少朋友劝我，不要写小说了，去弄电视剧。说弄电视剧挣钱多，也会扩大我的名气。对这样好心的劝说，我总是有些不好意思。该怎么说呢？我想说的是，一个人一辈子能写多少书，能挣多少文名，能挣多少钱，都是命里注定。我们得认命，命中没有的，我们不可强求。

精彩赏析

作为作家，为自己的书做宣传，是无可厚非的，也是必要的。毕竟这是自己的劳动结晶，谁不想有收获呢？作者以自己的亲身经历，真实、诚恳地讲述了两次售书的经历——一次是在北京的书店，很多作家参加了现场售书，结果现场很冷清，使作家们倍感尴尬；一次是在郑州的图书商城，作者个人的图书签售，现场依旧冷清，作者如坐针毡。作者非常详细、真诚地描述了很多时候，作家们签售其实并没有想象的火爆，说明现今很多人没有时间和精力去阅读和关注图书。作者在最后表达了自己会坚持写作的执着精神和淡泊名利的美好品质。

遭遇蝎子

即使一个人被伤害过，也不能因为自己被伤害过就伤害别人！不计较，才是让自我修为变得更加大度的底气。

　　有次去山东，见蝎子成了如今的一道菜。全须全尾被称为全虫的蝎子，用烈油炸过，一上桌就是一大盘。被炸熟的蝎子支里八叉，呈现的是挣扎过程中被固定的状态。每看见这道菜，我都会想起，我小时候曾被蝎子蜇到过，尝过这家伙的厉害。

　　小时候成天在野地里跑，先是蜜蜂蜇过我，后是马蜂蜇过我，接着就被蝎子蜇到了。这三种虫子有一个共同特点，它们的武器都不是长在嘴里，而是长在尾部。尾部生有一根注射器一样的利刺，"注射器"里装的都是毒液。相比之下，蜜蜂的毒性小一些，被蜜蜂蜇过，出一个小红点儿，疼上一阵儿，就过去了。马蜂细腰长身，毒性要大一些。被马蜂蜇到，想隐瞒都不行，因为蜇到的地方会发肿，带样儿，三四天之后才会恢复原状。最可怕当数蝎子，蝎子的毒辣是重量级的，一旦被蝎子蜇到，会疼得钻心钻肺，砭骨砭髓，让人一辈子都不会忘记。

　　我是在夏季的一天晚饭后被蝎子蜇到的。农村吃晚饭比较晚，一般都是端着饭碗摸黑在院子里吃。所谓晚饭，也就是一碗稀饭，里面顶多下几粒麦仁而已。我喝完稀饭，往灶屋送碗时，右手在门框上摸了一下。这一摸，得，正好摸到蝎子身上，就被蝎子蜇到了。刚被蝎子蜇到时，我并没意识到遭遇上了蝎子，当右手的中指猛地刺疼之后，我的第一反应是被钢针扎着了，而且扎得还挺深。这是谁干的？把针插在门框上干什么！我正要把疑问说出来，又一想，不对呀，就算门框上有针，我只是把针轻轻摸了一下，针也不会扎得如此主动和厉害呀！坏菜，黑灯瞎火的，我定是摸着蝎子了。那时候，我们老家的蝎子是很多的。蝎子是夜行爬虫，一到夜晚，蝎子就往上翻卷着带环节的长肚子，举着武器出行了。特别是在闷热潮湿的天气，从墙缝里爬出来的蝎子更多。我见有的大人拿着手电筒，哈腰探头往墙根上照。照到一只蝎子，趁蝎子被强光照得愣神的功夫，就用竹筷子夹起来，放进玻璃瓶里去了。不到半夜工夫，捉蝎人就能捉到多半瓶活蝎子。我们那里的人不吃蝎子，他们把蝎子卖到镇上的中药铺里去了。我从没捉过蝎子，与蝎子无冤无仇，相信蝎子不是有意蜇我。也许是，那只蝎子从门框上经过，我碰巧摸到了它，它误以为我要捉它，就给我来了那么一下子。

我对娘说："蝎子蜇我了。"娘惊了一下，问我怎么知道的？我说我感觉像是被针狠狠扎了一下，不是蝎子蜇的是什么！娘说："蝎子蜇着可是很疼的，你不疼吗？"

当然疼。在娘说到疼之前，我的手指虽说也疼，但疼得不是很厉害。娘一说到疼，仿佛对疼痛有所提醒，我的手指霍地就大疼起来。真的，我一点儿都没有夸大其词，的确疼得霍霍的。那种疼像是有一种跳跃性，它腾腾跳着往上顶，似乎要把皮肉顶破。顶不破皮肉，只能使疼上加疼。那种疼又像是有一种滚动性，它不限于在手指上作威，忽儿滚到这里，忽儿滚到那里，整只手，整条胳膊，甚至全身都在疼。人说十指连心，我以前不大理解，这一回算是深切体会到了。

怎么办，我只有哭。我那时意志力还很薄弱，没有力量忍受疼痛。我一上来就哭的声音很大，很难听，鬼哭狼嚎一般。我们那里形容一个人哭得尖利，难听，说是像被蝎子蛰着了一样。我不是像被蝎子蛰着了，而是货真价实地被蝎子蛰着了，哭一哭是题中应有之义。娘无法替我受疼，无法安慰我，也没有劝我别哭，只是让我躺下睡吧，睡一觉就好了。我倒是想睡一觉，可哪里睡得着呢！通过大哭，我想我的疼感也许会转移一下，减轻一些，不料我的疼感如同一架隆隆开动的机器，而我的眼泪像是为机器加了油一样，使"机器"运转得更快，疼得更厉害。我的身体以前从没有这样疼过，不认为疼有什么了不起。这一次我算是领教了，天底下还有这样的疼法，疼起来真是遭罪，真是要命。

除了大哭不止，我还为自己加了伴奏。我躺在放在院子里的一扇门板上，伴奏的办法，是一边哭，一边用两个脚后跟交替着擂门板，把门板擂得砰砰响。我家住的院子是一个大宅院，院子里住着四五户人家，其中有爷爷奶奶辈的，有叔叔婶子辈的，还有不少堂哥堂姐堂弟堂妹。我知道，由于我的闹腾，全院子的人恐怕都睡不着觉。可我没有办法，谁让万恶的蝎子蛰了我呢！几十年后，一个堂弟对我说，那次挨了蝎子蛰后，我差不多哭了一夜，直到天将明时才睡着了。我说很丑很丑，不好意思！

由于对蝎子心有余悸，见炸好的蝎子端上来，我不大敢吃。朋友一再推荐，说是山里野生的蝎子，我才尝了尝。油炸蝎子挺好吃的，跟我小时候吃过的蚂蚱、蛐蛐、蚰子、爬蚱的味道是一样的。不过吃过一两只后，我就不再吃了，不能因为蝎子曾经蜇过我，我就对沦为盘中餐的蝎子大吃大嚼。

我大姐小时候也被蝎子蜇过，她是摸黑用葫芦开成的水瓢舀水时，被爬在瓢把儿上蝎子蜇到的。

在电话里听还在老家的我大姐说，老家现在没有蝎子了，农药的普遍使用，药得蝎子已经绝种了。

精彩赏析

作者首段通过描写蝎子成为一道菜摆在面前，从而引发小时候被蝎子蜇到的回忆，照应文章主题。第二至七段，详写作者小时候被蝎子蜇的经历：如何被蜇——夏季晚饭后被门框上的蝎子蜇到了手指；被蜇后的反应——开始没意识到遭遇了蝎子，意识到后顿感手指的疼痛强烈，因此哭闹了一夜，至今记忆深刻。第八段回归现实，面对油炸蝎子，作者仍心有余悸。"……不能因为蝎子曾经蜇过我，我就对沦为盘中餐的蝎子大吃大嚼。"这句话表现了作者宽容、善良的品质。最后结尾写蝎子绝种了，似乎别有意味，耐人寻味。

打麦场的夜晚

🌸 **心灵寄语**

> 时间过去了，失去的心境很难再找回。有些东西失去了就再也回不来了，所以我们一定要且行且珍惜。

别看我离开农村几十年了，每到初夏麦收时节，我似乎都能从徐徐吹来的南风里闻到麦子成熟的气息。特别是最近几年，我在北京城里还听到了布谷鸟的叫声。布谷鸟季节性的鸣叫，没有口音上的差别，与我们老家被称为"麦秸垛垛"的布谷鸟的叫声是一样的。我想这些布谷鸟或许正是从我们老家河南日夜兼程飞过来的，它们仿佛在提醒我：麦子熟了，快下地收麦去吧，老坐在屋里发呆干什么！

今年芒种前，我真的找机会绕道回老家去了，在二姐家住了好几天。我没有参与收麦，只是在时隔四十多年后，再次看到了收麦的过程。比起人民公社时期社员们收麦，现在收麦简单多了。一种大型的联合收割机，在金黄的麦田里来来回回穿梭那么一会儿，一大块麦子眼看着就被收割机剃成了平地。比如二姐家有一块麦子是二亩多，我看了手表，只用半个钟头就收割完了。收割机一边行进，一边朝后喷吐被粉碎的麦秆，只把脱好的麦粒收在囊中。待整块麦子收完了，收割机才停下来，通过上方的一个出口，把麦粒倾泻在铺在麦茬地里的塑料单子上。我抓起一把颗粒饱满的麦子闻了闻，新麦的清香即刻扑满我的肺腑。

收麦过程大大简化，劳动量大大减轻，这是农业机械化带来的好处，当然值得称道。回想当年我在生产队里参加收麦时，从造场，割麦，运麦，再到晒场，碾场，扬场，看场，直到垛住麦秸垛，差不多需要一个月的时间。且不说人们每天头顶炎炎烈日，忙得跟打仗一样，到了夜晚，男人们也纷纷走出家门，到打麦场里去睡。正是夜晚睡在打麦场的经历，给我留下了难忘的印象。

初中毕业回乡当农民期间，麦收一旦开始，我就不在家里睡了，天天晚上到打麦场里去看场。队长分派男劳力夜里在场院里看场，记工员会给看场的人记工分，每人每夜可得两分。只是看场的人不需要太多，每晚只轮流派三五个人就够了。我呢，不管队长派不派我，我都照样一夜不落地到场院去睡。我看重的不是工分，不是工分所代表的物质利益，而是有另外一些东西吸引着我，既吸引着我的腿，还吸引着我的心。一吃过晚饭，不知不觉间我就走到场院里去了。

夏天农村的晚饭，那是真正的晚饭，每天吃过晚饭，差不多到了十来点，天早就黑透了。我每天都是摸黑往场院里走。我家没席子可带，我也不带被子，只带一条粗布床单。场院在村外的村子南面，两面临水，一面连接官路，还有一面挨着庄稼地。场院是长方形，面积差不多有一个足球场那么大，看上去十分开阔。一来到场院，我就脱掉鞋，把鞋提溜在手里，光着脚往场院中央走。此时的场面子已打扫得干干净净，似乎连白天的热气也一扫而光，脚板踩上去凉凉的，感觉十分舒服。我给自己选定的睡觉的地方，是在临时堆成的麦秸垛旁边。我把碾扁的、变得光滑的麦秸往地上摊了摊，摊得有一张床那么大，把床单铺在麦秸上面。新麦秸是白色，跟月光的颜色有一比。而我的床单是深色，深色把"月光"覆盖，表明这块地方已被我占住。

占好了睡觉的位置，我并没有急着马上躺下睡觉，还要到旁边的水塘里扑腾一阵，洗一个澡。白天在打麦场上忙了一天，浑身沾满了麦秀和碾碎的麦芒，毛毛躁躁，刺刺挠挠，清洗一下是必要的。我脱光身子，一下子扑进水里去了，双脚砰砰地打着水花，向对岸游去。白天在烈日的烤晒下，上面一层塘水会变成热水。到了晚上，随着阳光的退场，塘水很快变凉。我不喜欢热水，喜欢凉水，夜晚的凉水带给我的是一种透心透肺的凉爽，还有一种莫测的神秘感。到水塘里洗澡的不是我一个，每个在场院里睡觉的男人几乎都会下水。有的人一下进水里，就兴奋得啊啊直叫，还有人以掌击水，互相打起水仗来。在我们没下水之前，水面静静的，看去是黑色的。天上的星星映在水里，它们东一个西一个，零零星星，谁都不挨谁。我们一下进水里就不一样了，星星被激荡得乱碰乱撞，有的变大，有的变长，仿佛伸手就能捞出一两个。

洗完了澡，我四脚拉叉躺在铺了床单的麦秸上，即刻被新麦秸特有的香气所包围。那种香气很难形容，它清清凉凉，又轰轰烈烈；它滑溜溜的，又毛茸茸的。它不是扑进肺腑里就完了，似乎每个汗毛孔里都充满着香气。它不是食物的香气，只是打场期间麦草散发的气息。但它的香气好像比任何食物的香气都更原始，更醇厚，也更具穿透力，让人沉醉其中，并深深保留在生命的记忆里。

还有夜晚吹拂在打麦场里的风。初夏昼夜的温差是明显的，如同水塘里的水，白天的风是热风，到夜晚就变成了凉风。风是看不见的，可场院旁边的玉米叶子会向我们报告风的消息。玉米是春玉米，长得已超过了一人高。宽展的叶子唰唰地响上一阵，我们一听就知道风来了。当徐徐的凉风掠过我刚洗过的身体时，我能感觉到我的汗毛在风中起伏摇曳，洋溢的是一种酥酥的快意。因打麦场无遮无拦，风行畅通无阻，细腿蚊子在我们身上很难站住脚。我要是睡在家里就不行了，因家里的环境几乎是封闭的，无风无息，很利于蚊子在夜间活动。善于团队作战的蚊子那是相当的猖獗，一到夜间就在人们耳边轮番呼啸，任你在自己脸上抽多少个巴掌都挡不住蚊子的进攻。我之所以愿意天天夜间到打麦场里去睡，除了为享受长风的吹拂，一个很大的原因，是为了躲避蚊子。

没有蚊子的骚扰，那就赶快睡觉吧，一觉睡到大天光。然而，满天的星星又碰到我眼上了。是的，我是仰面朝天而睡，星星像是纷纷往我眼上碰，那样子不像是我在看星星，而是星星在主动看我。星星的眼睛多得铺天盖地，谁都数不清。看着看着，我恍惚觉得自己的身体在往上升，升得离星星很近，很近，似乎一伸手就能把星星摘下一颗两颗。我刚要伸手，眨眼之间，星星却离我而去。有流星从夜空中划过，一条白色的轨迹瞬间消失。天边突然打了一个露水闪，闪过一道像是长满枝杈的电光。露水闪打来时，群星像是隐退了一会儿。电光刚消失，群星复聚拢而来。我不知道自己是什么时候睡着的，在睡梦里，脑子里仿佛装满了星星。

现在不用打场了，与打麦场相关的一切活动都没有了，人们再也不会在夜晚到打麦场里去睡。以前我对时过境迁这个词不是很理解，以为境只是一个地方，是物质性的东西。如今想来，境指的主要是心境，是精神性的东西。时间过去了，失去的心境很难再找回。

精彩
—赏析——

　　本文主要运用了描写和抒情的表达方式。作者用细腻的笔触，用诗一般的语言，回忆了自己在生产队里收麦时，夜晚睡在打麦场的经历，这种经历给作者留下了难忘的印象。农村惬意的生活带给作者美好的心境，表达了作者对乡村夏夜惬意美好的怀念之情。文章最后描写了现今人们不会再到打麦场里去睡，而自己也更加理解了"时过境迁"这个词，指出了"时间过去了，失去的心境很难再找回"，升华了文章的主题，增强了文章的深刻性。

_____

在夜晚的麦田里独行

> 静谧的月夜、沉寂的麦田，往往会带给人一种朦胧的错觉，让人放松下来，也让思念和脆弱趁机潜入，平添了诸多游思。

已经是后半夜，我一个人在向麦田深处走。

人在沉睡，值夜的狗在沉睡，整个村庄也在沉睡，仿佛一切都归于沉静状态。麦田上空偶尔响起布谷鸟的叫声，远处的水塘间或传来一两声蛙鸣，在我听来，它们迷迷糊糊，也不清醒，像是在发癔症，说梦话。它们的"梦话"不但丝毫不能打破夜晚的沉静，反而对沉静有所点化似的，使沉静显得更加深邃，更加邈远。

刚圆又缺的月亮悄悄升了起来。月亮的亮度与我的期望相差甚远，它看上去有些发黄，还有些发红，一点儿都不清朗。我留意观察过各个季节的月亮，秋天和冬天的月亮是最亮的，夏天的月亮质量总是不尽如人意。这样的月亮也不能说没有月光，只不过它散发的月光是慵懒的，朦胧的，洒到哪里都如同罩上了一层薄雾。比如月光洒在此时的麦田里，它使麦田变成白色的模糊，我可以看到密匝匝的麦穗，但看不到麦芒。这样的月光谈不上有什么穿透力，它只洒在麦穗表面就完了，麦穗下方都是黑色的暗影。

我沿着一条田间小路，自东向西，慢慢向里边走。说是小路，在夜色里几乎看不到有什么路径。小路两侧成熟的麦子呈夹岸之势，差不多把小路占严了。我每往里走一步，不是左腿碰到了麦子，就是右腿碰到了麦子。麦子对我深夜造访似乎并不是很欢迎，它们一再阻拦我，仿佛在说："深更半夜的，你不好好睡觉，到我们这里来干什么！"窄窄的小路上长满了野草，随着麦子成熟，野草有的长了毛穗，有的结了浆果，也在迅速生长，成熟。我能感觉到野草埋住了我的脚，并对我的脚有所纠缠，我等于趟着野草，不断摆脱羁绊才能前行。面前的草丛里陡地飞起一只大鸟，在寂静的夜晚，大鸟拍打翅膀的声音显得有些响，几乎吓了我一跳，我不知不觉站立下来。我不知道大鸟飞向了何方，一道黑影一闪，不知名的大鸟就不见了。我随身带的有一支袖珍式的手电筒，我没有把手电筒打开。在夜晚的麦田里，打手电是突兀的，我不愿用电光打破麦田的宁静。

我们家的墓园就在村南的这块麦田里，白天我已经到这块麦田里看过，而且在没腰深的麦田里伫立了好长时间。自从1970年参加工作离开老家，四十多年过去了，我再也没有在麦子成熟的季节回过老家，再也没有看到过大面积金黄的麦田。这次我特意抽出时间回老家，就是为了再看看遍地熟金一样的麦田。放眼望去，金色的麦田向天边铺展，天有多远，麦田就有多远，怎么也望不到边。一阵风吹过，麦浪翻成一阵白金，一阵黄金，白金和黄金在交替波涌。阳光似乎也被染成了金色，麦田和阳光在交相辉映。请原谅我反复使用"金"这个字眼来形容麦田，因为我想不出还有哪个高贵的字眼儿可以代替它。然而，如果地里真的铺满黄金的话，我不一定那么感动，恰恰是黄土地里长出来的成熟的麦子，才使我心潮激荡，感动不已。那是一种生命的感动，深度的感动，源自人类原始的感动。它的美是自然之美，是壮美、大美和无言之美。它给予人的美感是诗歌、绘画、音乐等艺术形式所不能比拟。

因为白天看麦田没有看够，所以在夜深人静时我还要来看。白天为实，夜晚为虚；阳光为实，月光为虚，我想看看虚幻环境中的麦田是什么样子。站在田间，我明显感觉到了麦田的呼吸。这种呼吸在白天是感觉不到的。麦田的呼吸与人类的呼吸相反，我们吸的是凉气，呼的是热气，而麦田吸进去的是热气，呼出来的是凉气。一呼一吸之间，麦子的香气就散发出来。麦子浓郁的香气是原香，也是毛香，吸进肺腑里让人有些微醉。晚上没有风，不见麦浪翻滚，也不见麦田上方掠来掠去的燕子和翩翩起舞的蝴蝶。仰头往天上找，月亮升高一些，还是暗淡的轮廓。月亮洒在麦田里的不像是月光，满地的麦子像是铺满了灰白的云彩。一时间，我产生了错觉，以为自己站在云彩里，在随着云彩移动。又以为自己也变成了一棵小麦，正幽幽地融入麦田。为了证明自己没变成小麦，我掐了一只麦穗儿在手心里搓揉。麦穗儿湿漉漉的，表明露水下来了。露水湿了麦田，也湿了我这个从远方归来的游子的衣衫。我免不了向墓园注目，看到栽在母亲坟侧的柏树变成了黑色，墓碑楼子的剪影也是黑色。

从麦田深处退出，我仍没有进村，没有回到我一个人所住的我家的老屋，而是沿着河边的一条小路，向邻村走去。在路上，我想我也许会遇到人。夜行的人有时还是有的。然而，我跟着自己的影子，自己的影子跟着我，我连一个人都没遇到。河上有一座桥，我在那座桥上站下了。还是在老家的时候，也是在夜晚，我曾和邻村的一个姑娘在这座桥上谈过恋爱，那个姑娘还送给我一双她亲手为我做的布鞋。来到桥上，我想把旧梦回忆一下。桥的位置没变，只是由砖桥变成了水泥桥。桥下还有水，只是由活水变成了死水。映在水里的红月亮被拉成红色的长条，并断断续续。青蛙在浮萍上追逐，激起一些细碎的水花儿。逝者如斯，那个姑娘再也见不到了。

到周口市乘火车返京前，我和作家协会的朋友们一块儿喝了酒。火车开动了，我还醉眼蒙眬。列车在豫东大平原的麦海里穿行，车窗外金色的麦田无边无际，更是壮观无比。我禁不住给妻子打了一个电话，说大平原上成熟的麦子是全世界最美的景观，你想象不到有多么好看，多么震撼……我没有再说下去，我的喉咙有些哽咽。

精彩
— 赏析 ——

本文综合运用了记叙、描写、抒情、议论等多种表达方式，作者通过细致的观察，用细腻的笔触，描述了夏夜在麦田里独行的宁静，对旧梦的回忆，使文章充满伤感。作者先是以动衬静，描绘了鸟声、蛙声，以及麦田月光的静美，表现麦田充满生机的景象，也突出了月夜下的麦田宁静、朦胧的美。作者将对故人的思念，对家乡的怀念，在字里行间展现得淋漓尽致。

麦秆儿戒指 /

🌸**心灵寄语**

　　我们不能因为有了别的更丰富的物质，就放弃对传统手工艺的传承，对纯真、简单的美好追寻。

　　新麦秆儿柔韧性好，用来编戒指最合适。取一根新麦秆儿，掐头去尾，只留中间那一段，几捏几编，一枚簇新的戒指就做成了。麦秆儿戒指不是银色，是金色，白金色。在阳光的照耀下，麦秆儿戒指闪烁着白金一样的光泽。以前，在麦收时节，我们那里的姑娘每人手上都会戴一到两枚麦秆儿戒指。任何金属和珠玉的戒指都不香，而戴在手指上的麦秆儿戒指放在鼻前一闻，呀，还有一股子香气呢，那是新麦秆儿沁人肺腑的清香。

　　新麦秆儿除了可以做戒指，还可以做耳坠儿，制团扇，编草帽辫子。我大姐用新麦秆儿编草帽辫子最在行，七股麦莛儿在她手上绕来绕去，一根长长的草帽辫子就拖了下来。草帽辫子是缝草帽用的，当草帽辫子编够一大盘时，大姐便开始缝制草帽。我在老家当农民时，大姐每年都要给我缝制一顶新草帽。大姐用新麦莛儿做成的草帽形状好，帽檐宽，紧凑，结实，我风里雨里戴一个夏季，帽檐儿都不会下垂。

　　当然了，麦秆儿的用途还有许多。在生产队那会儿，麦秆儿大的用途主要有两项。一项是在烈日下把麦秆儿顶部的麦粒捧去，把扎成捆儿的麦秆儿分给社员苫房用。那时我们村几乎全是草房，苫房顶只能用麦秆儿。再一项是用石碌把麦秆儿碾碎，垛起来，常年给牲口作饲料。

　　您说烧锅，是的，拿麦秆儿当燃料烧锅也不错。可是，麦秆儿那么宝贵的东西，谁舍得拿它烧锅呢！那烧锅怎么办呢？人们只好拉起竹筢子，在割过麦子的地里一遍又一遍搂干枯的麦叶和草毛缨子。把地里搂得干干净净不算完，人们还用镰刀把浅浅的麦茬和埋在土里的麦根刨出来烧锅。我大姐、二姐每年麦季都要到地里刨麦茬、麦根。毒太阳在头顶烤着，地上的热气往上蒸着，她们满脸通红，汗湿鬓发，两只胳膊每年都要被晒得脱去一层皮。在那个时候，可以说人们对麦叶儿、麦秆儿、麦根都不愿意舍弃，真正做到了物尽其用。

　　谁也没有料到，一步一步走到现在，麦秆儿竟然成了无用的东西。现在人们犁地用拖拉机，耩地用播种机，收麦用联合收割机，再也不用黄牛了。既然乡亲们不再养牛，给牛作饮料的麦秸就省下了。现在人们扒掉了草屋，纷纷盖起砖瓦房和楼房，用麦秆儿苫房顶的历史像是一去不复返了。现在人们烧锅用柴也挑剔起来，他们嫌麦秆儿着得太快，得不停地往锅底续柴，发热量也不高。而用玉米秆儿、芝麻秆儿要省事好多，火力也大一些。还有的人家干脆什么柴火都不烧了，改成了烧煤，或者烧用大肚子钢瓶盛的液化气。

　　小麦的单位面积产量大幅度提高了，麦秆儿也相应增加不少。小麦可以吃，可以卖钱，那么多麦秆儿派什么用场呢？有人就地取材，以麦秆儿作原料，办起了造纸厂。一时间，小造纸厂遍地开花，沿河两岸不远处就能看到一个造纸厂。那么多造纸厂可不得了，因造纸厂的污水都往河里排，坑里排，河里和坑里的水很快变成了黑的，恐怕跟酱油的颜色差不多。这样的黑水是有毒的，结果水里的鱼虾都被毒死了，连水边生命力很强的芦苇也不再发芽。直到吃水井里也渗进了被污染的水，人们才惊慌起来：人要吃粮食，还要喝水，如今有粮食吃了，水不能喝了也不行啊！

小造纸厂被一律关闭之后，收麦后剩下的麦秆儿人们不再往家里收拾了，他们放一把火，在原地把麦秆儿点燃了。因联合收割机排泄的碎麦秆儿遍地都是，地里遗留的麦茬也很深，点燃很容易，不管从哪个地角点起，陡起的火焰便如漫灌浇地的水头一般，很快在地里漫延开来。你家放火，我家也放火，在收麦的那些天，可说是到处起火，遍地狼烟。到夜里再来看，明火无边无际，映红了天边，像传说中的火烧连营一样。浓烟滚滚带来的直接后果，不仅影响了路上行车，还侵入村庄，影响到人们的呼吸。人们一吸入辣喉咙的烟雾，便被呛得咳嗽起来。人们似乎这才意识到，人除了喝干净的水，还要呼吸干净的空气。

再收麦时，上边提前下了通知，不许在地里烧麦秆儿，谁烧就罚谁。总得把地里的麦秆儿处理掉，才能腾出地来种秋庄稼。于是，人们就把麦秆儿堆在路边，或者扔进坑里和河坡里去了。秋季下大雨，河水涨起来。被河水漂起并顺流而下的麦秆儿不仅堵塞了桥孔，还充塞了河道，造成洪水漫溢，淹没了田地。人们不仅有些茫然，麦秆儿，曾经那么宝贵的东西，难道真的成了垃圾？难道真的变成灾难性的物质了吗？

至于用新麦秆儿做戒指，现在几乎成了一种传说，一种笑谈。我回老家问过一些小姑娘："你们会做麦秆儿戒指吗？"小姑娘们你看我，我看你，都摇头说不会做。她们见过金戒指，银戒指，对于麦秆儿戒指，她们不但不会做，好像连见都没见过。这未免让我觉得有些遗憾。不管是用新麦秆儿做戒指，做耳坠儿，做团扇，还是编草帽辫子，都是一种手工艺术，都是一种传统的文化行为。它代表着人类与自然的亲密关系，传达的是人们的爱美之心。也就是说，用新麦秆儿做工艺品及其过程，不仅有着文化的意义，还有着美学和心灵上的意义。我们不能因为有了别的更丰富的物质，就放弃诸如用新麦秆儿做戒指这类美好的趣味。

精彩 赏析

　　麦秆儿戒指是贯穿全文的线索，"麦秆儿"和"戒指"两个世俗价值相差极大的词语组合在一起，显得有些矛盾，却能轻易地激起读者的阅读兴趣。"麦秆儿戒指"见证了作者儿时在农村的生活经历，寄托了作者美好、单纯的向往。随着生产水平和农用工具的进步，麦秆儿从人们的生活中渐渐失去价值，变成了无用的东西，姑娘们再也不知麦秆儿戒指为何物。作者最后表达了自己对美好文化逝去的遗憾，也希望人们能保持与自然的亲密关系，保留内心单纯的美好。

风　箱

> 随着时间的流逝，时代的变迁，一些东西确实变成了旧东西，由实用变成了记忆，变成了在回忆中才能找到的东西。

　　不时想起风箱，我意识到自己开始怀旧。这个旧指的不仅是过去时，不光是岁月上的概念，还包括以前曾经使用过的物件。随着时间的流逝，时代的变迁，一些东西确实变成了旧东西，再也用不着了。我所能记起的，有太平车、独轮车、纺车、织布机、木锨、石磨、石碾、碓窑子、十六两一斤的星子秤等，很多很多。也就是几十年的工夫，这些过去常用的东西都被抛弃了，由实用变成了记忆，变成了在回忆中才能找到的东西。

　　风箱也是如此。

　　我在老家时，我们那里家家都有风箱。好比筷子和碗配套，风箱是与锅灶配套，只要家里做饭吃，只要有锅灶，就必定要配置一只风箱。风箱长方形，是木箱的样子，但里面不装布帛，也不装金银财宝，只装风。往锅底放了树叶，擦火柴给树叶点了火，树叶有些潮，只冒烟，不起火。靠鼓起嘴巴吹火是不行的，嘴巴都鼓疼了，眼睛也被浓烟熏得流泪，火还是起不来。这时只需拉动风箱往锅底

188

一吹，浓烟从灶口涌出，火苗子呼地一下就腾起来。做饭时从村里
一过，会听到家家户户都传出拉风箱的声响。每只风箱前后各有一
个灵活的风舌头，随着拉杆前后拉动，风舌头吸在风门上，会发出
嗒嗒的声音。拉杆往前拉，前面的风舌头响，拉杆往后送，后面的
风舌头响。拉杆拉得有多快，响声响得就有多快。那种声响类似戏
台上敲边鼓的声音，又像是磕檀板的声音，是很清脆的，很好听的。
因风箱有大小之分，拉风箱的速度快慢也不同，风箱的合奏是错落
的，像是交响的音乐。

　　让人难忘的是我们自家的风箱。不是吹牛，我们家的风箱和全
村所有人家的风箱相比，质量是独一无二的，吹出的风量是首屈一
指的。在祖母作为我们家的家庭主妇时，我不知道我们家的风箱是
什么样子，恐怕趁不趁一只风箱都很难说。反正从我记事起，从母
亲开始主持家里的炊事生活，我们家就拥有了一只人见人夸的风箱。
母亲的娘家在开封附近的尉氏县，离我们那里有好几百里。母亲嫁
给父亲后，生了大姐二姐，又生了我和妹妹，八九十来年过去了，
才回了一趟娘家。那时乡下不通汽车，交通不便，母亲走娘家，只
能是走着去，走着回。母亲从娘家回来时，只带回了一样大件的东西，
那就是风箱。步行几百里，母亲是把分量不轻的风箱背回来的。风
箱是白茬，不上漆，也不要任何装饰。风箱的风格有些像风，朴素
得很。母亲背回的风箱一经使用，就引得村里不少人到我们家参观。
后来我才知道了，母亲从远方的娘家带回的是制造风箱的先进技术，
还有不同的风箱文化。从造型上看，本乡的风箱比较小，母亲带回
的风箱比较高，风膛比较大；从细节上看，本乡的风箱是双杆，母
亲带回的风箱是独杆。关键是风量和使用效果上的差别。本乡的风
箱拉杆很快就磨细了，拉起来框里框当，快得像捣蒜一样，也吹不

出多少风来。而我们家的风箱只需轻轻一拉，火就疯长起来，火头就顶到了锅底上。

我们兄弟姐妹小时候，最爱帮大人干的活儿就是拉风箱。拉风箱好玩儿，能发出呱嗒呱嗒的响声。撒进锅底的煤是黑的，拉动风箱一吹，煤就变成了红的，像风吹花开一样，很快就能见到效果。母亲不但不反对我们拉风箱，还招呼我们和她一块儿拉。我们手劲还小，一个人拉不动风箱。常常是手把上一只小手儿，再加上一只大手，母亲帮我们拉。

那时我们没什么玩具，在不烧火不做饭的情况下，我们也愿意把风箱鼓捣一下。风箱的风舌头是用一块薄薄的小木板做成的，像小孩子的巴掌那样大。风舌头挂在风门口的内侧，把风门口堵得严严实实，像是吸附在风门口一样。我们随手在门口拣起一根柴棒，一下一下捣那个风舌头。把风舌头捣得朝里张开，再收手让风舌头自动落下来。风舌头每次落下来，都会磕在风箱的内壁上，发了嗒的一声脆响。我们捣得越快，风舌头响得就越快，风舌头像是变成了会说快板书的人舌头。我们还愿意绾起袖子，把小手伸进风门里掏一掏。我们似乎想掏出一把风来，看看风到底是什么样子。可我们空手进去，空手出来，什么东西都没能掏到。

与风箱有关的故事还是有的。老鼠生来爱钻洞，以为风箱的风门口也是一个洞，一调皮就钻了进去。老鼠钻进去容易，想出来就难了。有一个歇后语由此而来，老鼠掉进风箱里——两头受气。有一户人家，夜深人静之时，灶屋里传出拉风箱的声音，呱嗒呱嗒，呱嗒呱嗒，听来有些瘆人。三更半夜的，家里人都在睡觉，是谁在灶屋里弄出来的动静呢？那家的儿媳前不久寻了短见，是不是她还留恋这个家，夜里偷偷回来做饭呢？有人出主意，让那家的人睡觉前在风箱前后撒些草木灰，看看留下的脚印是不是他家儿媳的。如果是他家儿媳的脚印，下一步就得想办法驱鬼。那家人照主意办理，第二天一早，果然在草木灰上看到了脚印。只不过脚印有些小，像是黄鼠狼留下的。黄鼠狼爱仿人戏，风箱在夜间发出的呱嗒声，极有可能是黄鼠狼用爪子捣鼓出来的。

既然我们家的风箱好使，生产队里下粉条需要烧大锅时，就借用我们家的风箱。我初中毕业后第一次走姥娘家，是借了邻村表哥一辆破旧的自行车，骑着自行车去的。我的小学老师找到我，特意嘱咐我，让我给他捎回一只和我们家的风箱一样的风箱。我是用自行车把挺大个儿的风箱驮回去的。不止一个木匠到我家看过，他们都认为我们家的风箱很好，但他们不会做，也不敢做。我们家的风箱，是我母亲的一份骄傲。母亲为我们家置办的东西不少，恐怕最值得母亲骄傲的，还是她从娘家带回的风箱。

现在，我们老家那里不再使用风箱了。人们垒了一种新式的锅灶，为锅灶砌了大烟筒，利用烟筒为锅底抽风。还有的人家买了大肚子液化气罐，用液化气烧火做饭。扭动金属灶具上的开关，啪地一下子，蓝色的火苗儿呼呼地就燃起来。祖祖辈辈用了多少代的风箱，不可避免地闲置下来，成了多余的东西。什么东西都怕多余，一多余就失去了价值。据我所知，不少人家的风箱，最后都被拆巴拆巴，变成了一把柴，化成了锅底的灰烬。在风箱的作用下，不知有多少柴火变成了灰烬，风箱万万不会想到，它和柴火竟然是一样的命运。

我家的风箱是幸运的。母亲在世时，我们家的风箱存在着。母亲去世后，我们家的风箱仍然在灶屋里存在着。我们通过保存风箱，保留对母亲的念想。物件会变旧，人的感情永远都是新的。

精彩
—赏析——

文章以"风箱"为线索，先是表达了自己的怀旧情怀，继而从风箱的样式和原理，"我"家的风箱（包含"我"家风箱的优势、拉风箱、与风箱有关的故事、风箱带来的骄傲）等方面来回忆风箱。最后写祖祖辈辈用了多少代的风箱逐渐被取代，变成了多余的东西，最终被焚毁。"风箱万万不会想到，它和柴火竟然是一样的命运。"写出作者对老物件的怀念和感慨。结尾作者表示"我们通过保存风箱，保留对母亲的念想。物件会变旧，人的感情永远都是新的"，将对母亲的思念，对过去时光的回忆，对老物件所寄托的情感，真挚地表现出来，引发读者产生情感共鸣。

———————

▶预测演练三

1. 阅读《打麦场的夜晚》，回答下列问题。（11分）

（1）结合文意，谈谈你对第六段中"扑腾一阵"的理解。（2分）

_____

_____

（2）是什么吸引着"我""不管队长派不派我，我都照样一夜不落地到场院去睡"？

_____

_____

_____

（3）请简要概括一下第九段的段落大意。（2分）

_____

_____

_____

（4）抒情散文常常卒章显志，请结合文章最后一段加以分析。（4分）

_____

_____

_____

2. 阅读《在夜晚的麦田里独行》，回答下列问题。（13分）

（1）请简要概括和分析文章第二、三段的内容。（3分）

_____

_____

（2）结合上下文，分析下面句子的含义。（4分）

①请原谅我反复使用"金"这个字眼来形容麦田，因为我想不出还有哪个高贵的字眼儿可以代替它。

_____

_____

②一时间，我产生了错觉，以为自己站在云彩里，在随着云彩移动。

_____

_____

（3）文章标题是"在夜晚的麦田里独行"，既然是"夜晚"，为什么第五段要写"白天"在麦田看到的景象？（6分）

_____

_____

_____

3.写作训练。（60分）

很多野生动物都在悄悄地离开我们，这是我们没有保护好它们的原因！阅读《野生鱼》，展开回想，记叙记忆中正在消失的野生动物。不少于600字。

参考答案

★ 试卷作家真题回顾 ★

【十五岁的少年向往百草园】

1. B（3分）

2. C（3分）

3. 百草园丰富多彩，是鲁迅先生儿时的乐园，鲁迅先生在这里过着快乐自由的生活，百草园代表着鲁迅先生自由的人生阶段。百草园也是"我"的精神乐园，"我"从课本中感受到百草园的美好，它在"我"心目中占据了重要的位置，"我"对它充满了向往之情。（4分）

4. ①文章描写"我"从杭州一路步行前往绍兴，最终在天黑之前赶到了百草园，表现出"我"想尽早看到百草园的迫切心情。②与标题中的"向往"相呼应，"我"一路上风尘仆仆，忍饥挨饿，毫不松懈，正体现了"我"对百草园的向往之情。③"我"向着目标孤独前进，奔赴鲁迅先生笔下的百草园，从而表现出"我"深受鲁迅先生的影响，对鲁迅先生怀有一种景仰之情。（每点2分，共6分）

【推　磨】

1. D（3分）

【解析】D项，"讨厌重复劳动的思想"错误，作者写推磨"循环往复没有尽头"，是客观描述推磨的过程，没有体现作者对重复劳动的厌恶之情。

2. 内容：石磨的构成和各部分的名称。石磨分为上下两扇，上扇上有磨系眼，可以拴磨系子，在外力作用下能够以下扇上的轴为中心转动。石磨的作用。通过石磨上下扇的摩擦可以把粮食磨碎。推磨的方法。把推磨棍穿过磨系子形成杠杆，人往前推带动石磨转动。（每点 1 分，共 3 分）作用：让读者明白有关推磨的内容。因为现在的读者大多没有推过磨，交代有关石磨的内容，让读者对石磨、推磨有个明确的认识，更容易理解文章。照应题目，引出下文对推磨内容的描写。（每点 1 分，共 2 分）

3. 所有人都有体力干活，体力也只有在干活的时候才能显现出来；孩子参与劳动需要大人的不断督促和鼓励；所有的劳动都不是游戏，过程可能比较单调、乏味，需要付出体力、耐力才能完成。人的耐心多是后天锻炼积累出来的；希望的引领作用是巨大的，它能产生一种动力，引导人们继续工作。（每点 2 分，任答三点得满分 6 分）

【解析】解答本题要注重分析文本描写"我"晒红薯片子和推磨两项劳动生发的议论内容，即作者在描写这些内容时表达了什么观点或表达的什么情感等。从第①段看，作者借助娘的口吻告诉读者每个人都有力量劳动，岁数小也应该有力量，不过力量不大而已；第②段，写晒红薯片子的内容，写了在娘的督促下"我"虽然不爱干活但能坚持干活的内容；第⑤段，写"我"很小的时候帮助娘推磨，"我"认为人的力量在干活的时候能够显示出来，并且认为干活不是游戏，干活是比较单调、乏味；第⑦段，写推磨要付出耐力，自己就是在推磨中锻炼、积累了耐心；同时，作者认为希望获得美好的东西就会产生干活的力量。由此，通过相似情感和类似感悟的合并，就能得出答案。

【母亲的奖章】

1. D（3分）

【解析】作者以"母亲的奖章"为主题，主要歌颂了母亲勤劳的品质，并没有描述母亲一生的经历。

2. ①本段起到承前启后的过渡作用。②紧承上文母亲的奖章丢失这一内容，表达了对母亲的敬爱之情。③引出下文对劳动典范丰富内涵的叙写，深入了"劳动"主题。（3分）

3. ①这是作者由一个好吃懒做的人经历了自主生活和有了丰富的社会经历后对"劳动模范"的认识产生了质的变化。②生活环境的改变让作者渐渐激发出自己的劳动潜能，并将母亲作为余生奋斗的榜样。③劳动是生命修行的需要，做劳动模范应是人生的追求，不论年龄大小，不论生命长短，时刻要以劳模的标准要求自己。（3分）

★ 试卷作家美文赏练 ★

【预测演练一】

1. （1）我们都知道荷花是从淤泥中生长出来的。这句话是将生活比作淤泥，将好小说比作荷花，意指好的小说都是源自生活的。（2分）

（2）句子运用比喻、想象的修辞手法，将举起的莲蓬比作斟满酒浆的酒盅，想象朋友相聚、举杯的场景，将莲蓬代表的美好寓意：朴质厚重、万事畅通，融入自己的祝愿中。（3分）

（3）①作者通过大篇幅地描写荷花的美丽，来突出自己的观点：我们在欣赏荷花的时候，不要忘记感谢淤泥，要学会理解它的

默默无闻和无私奉献。②深层含义就是我们要学会观察生活，在生活中提炼经验，完善自我。（每条2分）

2.（1）因为史铁生有着高贵的心灵、高尚的人品、坚强的意志和永不妥协的精神。在苦难和病痛面前，史铁生仍坚持写作，用自己的思想和灵魂之光照耀着读者。（3分）

（2）①这句话指史铁生逝去，终于不用再受病痛的折磨，体现了作者对史铁生的心疼和深深的敬爱。（2分）

②因为史铁生以巨大的心智能量，以穿越般的思想力度，还有对生命责任的担当，从层层灰暗的概念中索取理性之光，照亮人们的前行之路。他的人格和思想是站在高处的，是广阔而伟大的。（2分）

（3）本文从史铁生逝世写起，引出自己与史铁生相交的经历，讨论了史铁生的人格修为和创作成就，赞颂了他的坚韧、沉静和伟大，表达了作者对史铁生的敬佩、敬爱和敬仰之情。（4分）

3.略

【预测演练二】

1.（1）联系第一段的内容，可以明确"我"一听就记住了母亲的话，是因为"那天母亲特意对我叮嘱这番话时，口气是悲伤的，眼里还闪着泪光。这样就让人觉得事情有些严肃"，"我"一听就记住了。（2分）

（2）①这句话在结构上起过渡作用。②"后来又发生了一件事"承接上文"我"被远门子的叔叔打这件事，"我却没能瞒过母亲"引领下文母亲询问"我"受伤这件事，因此起承上启下的作用。（每点2分）

（3）从原文母亲"心疼得嘴啧啧着""母亲把我的头抱住了"可以看出,母亲对"我"受伤不告诉她的心疼、怜爱、嗔怪之情。（3分）

（4）本题是开放性问题,感悟类问题要抓住文中的议论性的,能够使人对道理有所领悟的句子,再结合自己的理解作答,观点明确,言之有理即可。注意语言流畅,表达准确.指出是哪位亲人,并结合生活经历谈出切身感受。（4分）

2.（1）这样写为后文母亲要求给弟弟捎回翻毛皮鞋做铺垫,也与"我"最终要回翻毛皮鞋的举动做鲜明对比,突出"我"作为哥哥对弟弟的冷漠和不关心。（2分）

（2）这句话与第四段开头"让我一辈子都不能原谅自己"相呼应,进一步说明"我"对要回那双翻毛皮鞋无比愧悔。那双被捎回的刷得非常干净的翻毛皮鞋,让"我"感受到母亲和弟弟的宽容、大度,这更加使"我"羞愧,那双翻毛皮鞋是对良心的鞭策。（3分）

（3）作者反思到自己对亲情表现得太淡漠,托人捎回家的唯一一件事竟然是要回已经给弟弟的翻毛皮鞋。作者感觉到自己做得不对,但为了逃避和脸面,总要给自己找些理由来开脱,似乎能使自己的良心安宁。（4分）

（4）一方面作者勇敢面对自己的内心,坦诚地表现自己的愧悔,希望能使自己好受一些；另一方面,作者也希望给读者一个警示,要珍惜亲情,莫要做令自己后悔的事。（4分）

3.略

【预测演练三】

1.（1）结合具体的语言环境"到旁边的水塘里扑腾一阵"可推知"扑腾一阵"的含义,即洗澡,突出了"我"当时的愉悦心情。（2分）

（2）吸引"我"的是可以洗澡；享受香气；长风吹拂；躲避蚊子。（3分）

（3）本段描写了"我"入睡前欣赏满天星星和睡梦中的情景。（2分）

（4）文章最后一段表明，现在人们再也不会在夜晚到打麦场里去睡，以及"我"对时过境迁的理解，"我"最后领悟到"时间过去了，失去的心境很难再找回"，运用卒章显志的写法，点明了文章的主题，增强了文章的深刻性。（4分）

2.（1）文章第二、三两段描绘了一幅平原地区夏夜麦田月光图，突出了月夜沉静、暗淡、朦胧的特点。这两段写鸟声、蛙声，以动衬静，表现出麦田一派生机的景象。（3分）

（2）①"金"这个字眼，是麦浪的颜色，是汗水创造的财富，又象征宝贵。这句话形象地写出了金色麦浪在作者心目中的崇高地位。（2分）

②这句话表现了"我"被夜景吸引，内心愉悦，完全沉浸在月下麦田美妙的境界中。（2分）

（3）①展现麦田另一种状态的美，使麦田形象更加丰满；②补充交代夜游的原因，丰富了文章内容，为结尾"多么好看，多么震撼"提供有力的支撑；③为表现作者对麦田及故乡的深深眷恋之情，加深读者对作者情感的理解。（每点2分）

3.略

― 试卷上的作家 ―

初中生美文读本

序　号	作　者	作　品
1	安　宁	一只蚂蚁爬过春天
2	安武林	安徒生的孤独
3	曹　旭	有温度的生活
4	林　夕	从身边最近的地方寻找快乐
5	简　默	指尖花田
6	乔　叶	鲜花课
7	吴　然	白水台看云
8	叶倾城	用三十年等我自己长大
9	张国龙	一里路需要走多久
10	张丽钧	心壤之上，万亩花开

高中生美文读本

序　号	作　者	作　品
1	韩小蕙	目标始终如一
2	林　彦	星星还在北方
3	刘庆邦	端　灯
4	刘心武	起点之美
5	梅　洁	楼兰的忧郁
6	裘山山	相亲相爱的水
7	王兆胜	阳光心房
8	辛　茜	鸟儿细语
9	杨海蒂	杂花生树
10	尹传红	由雪引发的科学实验
11	朱　鸿	高考作文的命题与散文写作